거꾸로
**환 경
시 계**
탐구생활

거꾸로 환경시계 탐구생활

초판 1쇄 발행 2018년 9월 20일
개정판 1쇄 발행 2025년 7월 10일
글쓴이 박숙현 ＼**구성** (사)환경교육센터 ＼**그린이** 원혜진

펴낸이 이영선
책임편집 김문정
편집 이일규 김선정 김문정 김종훈 이민재 이현정
디자인 김회량 위수연
독자본부 김일신 손미경 정혜영 김연수 김민수 박정래 김인환
펴낸곳 파란자전거 ＼**출판등록** 1999년 9월 17일(제406-2005-000048호)
주소 경기도 파주시 광인사길 217(파주출판도시) ＼**전화** (031)955-7470 ＼**팩스** (031)955-7469
홈페이지 www.paja.co.kr ＼**이메일** booksea21@hanmail.net

ⓒ 박숙현·(사)환경교육센터·원혜진, 2018
ISBN 979-11-94797-12-8 73330

파란자전거는 도서출판 서해문집의 어린이 책 브랜드입니다. 페달을 밟아야 똑바로 나아가는 자전거처럼 파란자전거는 어린이와 청소년이 혼자 힘으로도 바르게 설 수 있도록 도와줍니다.

어린이제품안전특별법에 의한 제품 표시
제조자명 파란자전거 ＼**제조국** 대한민국 ＼**사용연령** 11세 이상 어린이 제품
▲ **주의** 책의 모서리가 날카로우니 던지거나 떨어뜨려 다치지 않도록 주의하세요.
KC 마크는 이 제품이 공통안전기준에 적합하였음을 의미합니다.

착한 사회를 위한  기후 변화와 환경 이야기

거꾸로 환경시계 탐구생활

박숙현 글 | (사)환경교육센터 구성 | 원혜진 그림

파란자전거

| 추천의 말 |

바로 여기서,
환경시계를 거꾸로 돌릴 수 있는 지혜를 나누다

2018년 여름은 우리나라에서 1904년에 기상 관측을 시작한 이래, 서울에서 1907년부터 기상 관측을 한 이래, 가장 더운 해로 기록되었다. 역대 최고 기온에 초열대야, 폭염 일수, 열대야 일수까지 모든 면에서 기록적인, 폭염의 진수를 보여 줬다. 하지만 이 기록은 2018년까지를 놓고 볼 때만 최고 기록이다. 아마도 기후 변화가 지금처럼 계속 진행된다면 2018년은 기상 관측 사상 가장 더웠던 해라기보다, 이런 극심한 폭염이 '시작'된 해로 기록되지 않을까? 기후 변화로 인해 발생한 극단적인 폭염은 앞으로 반복될 뿐 아니라 강도가 더 세어질 가능성이 높기 때문이다. 기후 변화는 이제 저 먼 곳에 사는 북극곰이 겪는 일이거나 장래 일어날 이야기가 아니라 오늘 바로 여기에서 우리가 겪어야 하는 문제란 게 여실히 드러났다.

이 책은 지구 환경이 나빠지는 상황에서 현재 지구 환경 상태의 심각성을 알려 주는 환경위기시계를 통해 세상을 보여 준다. 이 책에서는 환경위기시계를 더 빠르게 돌아가게 하는 중요한 환경 문제로 기후 변화를 다루고 있다. 기후 변화는 왜 일어나게 된 걸까? 기후 변화가 진행되고 있는 이 시대, 우린 어떻게 살아가야 할까? 기후 변화의 속도를 줄여 피해가 커지지 않도록 하려면 어떻게 해야 할까? 12시를 지구 환경 파멸의 시간으로 본다면 2017년 인류는 9시 33분을 지났다. 우리에게 남은 시간이 별로 없다는 점도 문제지만 그 사실을 제대로 알고 슬기롭게 대처하는 사람들이 별로 많지 않다는 사실도 문제다. 변화를 위해서는 위기의 원인을 진단하고 그 원인을 치유해 갈 수 있는 실천의 필요를 느끼고 직접 행동에 나서는 것이 필요하다.

　　이 책을 통해 기후 변화의 심각성을 깨달을 수 있을 뿐 아니라 내가 지금 여기서 무엇을 어떻게 할 수 있고 해야 하는지 알 수 있을 것이다. '내가 아니라 남이, 오늘이 아니라 내일, 여기가 아니라 저기 다른 곳에서 무언가 하겠지.'란 생각은 곤란하다. 모두가 그렇게 생각한다면 기후 위기는 더욱 깊어질 수밖에 없기에. 그래도 12시가 되기 전까지 시간이 있다. 《거꾸로 환경시계 탐구생활》은 바로 여기서 우리 각자가 환경시계를 거꾸로 돌릴 수 있는 지혜를 나눠 준다.

윤 순 진
서울대학교 환경대학원 교수

| 글쓴이의 말 |

자연 앞에선 겸손하게
기후 변화 앞에선 과감한 변화를

　유난히 더운 여름을 지나면서 뉴스에 등장하는 여러 사건 사고가 기후 변화와 무관하지 않다는 것을 발견합니다. 뜨거운 대구의 여름은 '대프리카'라는 말로 더위의 고달픔을 대신 표현하기도 했지요. 미국 캘리포니아에서 스웨덴에 이르기까지 많은 나라에서 산불이 발생하고, 기록적인 폭우가 쏟아져서 이재민이 발생하고 있다는 소식에 착잡한 심정이 되기도 합니다. 심지어 더위 때문에 폭행이 발생하기도 하고, 유리창이 떨어지기도 하고, 가축이 죽어 나가기도 하지만, 당장 우리가 더위와 재난을 멈추게 할 수 없어서 답답함에 머리를 숙이게 되지요. 전지전능한 신이 아니고서야 이런 슈퍼 태풍이나 폭염을 멈추게 할 수 없다는 생각에 우울한 마음이 들기도 합니다. 그러다 곰곰이 생각해 봅니다. 저는 대프리카에서 태어나 어린 시절을 보냈답니다. 그 당시에도 전국에서 가장 더운 곳이긴 했지만, 더위를 피해 도심 속 강가나 다리 밑에서 더위를 피하며 놀았던 기억이 생생합니다. 지금은 모두가 에어컨이 켜진 건물 안에 꼭꼭 숨어 버리지만.

환경 문제에 관해 강연을 하다 보면 "이런 문제들이 왜 하나도 나아지지 않죠?" 이런 곤혹스러운 질문을 받기도 합니다. 문제는 알지만 하루아침에 문제를 해결할 뾰족한 방법을 제시할 수 없기 때문이지요. 숲을 사라지지 않게 하고, 물을 잘 흐르게 하고, 나쁜 물질을 공기 중에 배출하지 않고, 덜 쓰고 조금은 불편하게 지낸다면 문제는 조금씩 해결된다는 모두가 아는 뻔한 답을 할 수도 없으니 말이에요. 그리고 여러분도 알고 있는 지구를 사랑하는 당연한 방법이 그동안 어른들이 만들어 놓은 길과 정반대 방향에 있기 때문에 어른으로서 곤혹스러운 것도 사실입니다.

그러나 새로운 종이에 미래를 그려 갈 여러분은 오히려 어른들이 걸어온 길과 다른 길을 선택할 수 있지 않을까요? 그 길의 첫걸음은 아마도 지구가 가장 편안해지는 방법이 무엇인지 아는 것에서부터 시작해야 할 것 같아요.

지구가 편안한지 그렇지 않은지 알아보는 방법은 '환경시계'를 통해서도 가능해요. 환경시계는 환경위기시계라고도 해요. 지구 환경이 나빠지면서 인류 존속의 위기감을 시간으로 표시한 시계지요. 다시 말해 지구의 현재 환경 상태가 어떤지를 나타내는 거예요. 6시부터 9시까지는 '상당히 불안함', 9시부터 12시까지는 '매우 불안함'을 나타내요. 그리고 지구 환경 파멸의 시각은 12시지요. 그리고 2017년은, 오후 9시 33분이랍니다. 이 시계를 거꾸로 돌려 지구를 편안하게 만들기 위해 주된 원인인 '기후 변화'에 대해 탐구해 보고, 그 원인들을 없애기 위한 방법을 찾아 실천하는 것, 이것이 바로 《거꾸로 환경시계 탐구생활》을 쓰게 된 이유예요.

기후 변화 때문에 점점 더 빨리 움직이고 있는 환경시계를 멈추게 하는 확실한 방법은 값싼 화석 연료를 사용하지 않고 착한 에너지, 청정한 에너지로 움직이는 사회를 만드는 것입니다. 겨우 70~80kg의 사람이 이동하기 위해 1.2톤의 승용차를 움직이기 위한 에너지를 쓸 수 있었던 것은 아마도 값싼 화석 연료가 있었기 때문이 아닐까요? 자동차가 다닐 수 있는 길, 주차할 수 있는 공간을 만들기 위해 어쩔 수 없이 사라져 간 숲과 나무를 되살려 지구를 시원하게 만들 수만 있다면 당장이라도 삶의 방식을 바꿔야만 합니다.

제게 어릴 적 대구의 신천은 넓고 깨끗한 강으로 기억됩니다. 언제나 바지를 걷어 올리고 첨벙댈 수 있었던 그런 강. 서울의 한강에서 물놀이를 하던 어르신들도 아마 비슷한 기억을 가지고 있겠지요. 지금 우리는 대부분의 강을 물이 흐르는 통로쯤으로 생각하고 있어요.

과거에 인간은 자연을 벗 삼아 지냈지만, 어느 순간부터 자연은 인간의 이용과 조절의 대상이 되어 왔어요. 하지만 기후 변화를 겪고, 생태계의 복잡함을 이해하고 나서부터는 자연이 해 왔던 역할이 너무나 많았던 것을 깨닫게 되었지요. 그런 자연의 혜택을 누리고 살면서도 복잡 다양한 역할에 대해서 무심했던 것을 반성하면서 이제는 자연 앞에 조금은 겸손한 인간이 되었으면 합니다.

《거꾸로 환경시계 탐구생활》은 지구 기후 시스템의 복잡 다양한 이야기를 쉽게 풀어쓴 책이에요. 쉽게 쓰려다 보니 오히려 설명이 부족한 부분도 있고, 전문 용어 때문에 다소 어렵게 느껴지는 부분도 있을 거예요. 그러나 한 번에 이해가 되지 않더라도 자꾸자꾸 읽다 보면 뉴스를 보다가, 또는 숙제를 하다가 문득 '기후 변화가 내 생활과 매우 관련이 깊구나.' 하는 생각이 들 거예요. 머릿속으로 이해하는 것도 중요하지만, 여러분이 가족과 여행을 가거나 쇼핑이나 외식을 할 때에도 지구 환경시계를 떠올려 보세요. 그리고 작은 것부터 실천한다면 우리 지구는 오래오래 우리에게 좋은 삶의 터전이 되어 줄 테니까요.

2018년 8월 선풍기 앞에서
박 숙 현

차 례

추천의 말   4
글쓴이의 말   6

 1장 지구의 환경시계는 9시 33분

1. 기후란 무엇일까?
날씨와 기후, 같은 말 아닌가요?   16
평년 기온은 뭔가요?   18
기후와 우리 생활은 무슨 관련이 있나요?   19
기후를 만드는 시스템이 있다고요?   21
기후가 열의 이동 때문에 생긴다는데…   24
지구가 일정한 기온을 유지하는 비결   25
지구의 자동 온도 조절기, 바다   26
생물도 지구 기후에 영향을 준다고요?   29

2. 기후도 변한다고?
지구 전체가 겨울 왕국?   31
빙하기는 왜 생겨요?   33
갑자기 빙하가 녹고 있다고요?   34

3. 기후 변화, 인간이 주범!
기후 변화는 자연 현상 아닌가요?   38
갑자기 지구 기온이 오른 이유는 뭘까요?   39
온실 효과는 어떻게 발견되었나요?   40
이산화탄소만 지구 온난화에 영향을 주었나요?   43
인간이 지구 온난화의 주범이라고요?   44
늘어난 이산화탄소는 도대체 어디에서 왔을까요?   46
다른 온실가스도 인간이 만들어 내나요?   49

태풍과 허리케인   50

2장 더 빨리 돌아가는 환경시계

1. 왜 기후가 변하는 게 문제일까?

겨우 1℃ 때문에?	54
기후 변화, 왜 위험한가요?	56
왜 해수면이 상승하나요?	56
왜 슈퍼 태풍이 자주 발생하나요?	60
농사지을 땅이 말라 간다고요?	61
가뭄이라면서 홍수 피해는 왜 생기나요?	62
사막이 넓어지고 있다는데…	63
왜 북극곰이 굶어 죽나요?	66
산호초가 사라진다고요?	68
엘니뇨 현상은 무엇인가요?	69

2. 우리는 어떤 피해를 입을까?

식량이 줄어든다고요?	73
농지를 늘리면 안 되나요?	74
산불이 더 많이 난다고요?	75
명퇴당한 명태	78
새로운 전염병이 발생한다고요?	79
기후 변화가 전쟁을 일으킨다고요?	80

3. 우리 힘으로 막을 수 있을까?

이산화탄소를 안 만들 수는 없나요?	82
착한 전기라고요?	84
화석 연료를 안 쓰면 안 되나요?	85
재생 에너지가 뭐예요?	86
태양광과 태양열은 어떻게 다르죠?	87
핵 발전소는 이산화탄소를 내뿜지 않는다는데…	90

4. 2100년의 문제, 지금 해결해야 할까?

기후 변화를 해결할 정답은?	92
2100년, 아직 멀었잖아요!	93
기후 변화, 이제 어쩔 수 없는 현상이잖아요	94
그런데 왜 나만 해야 하나요?	96
그럼, 이제부터 어떻게 해야 하나요?	99

나도 환경 지킴이

공룡에게 물어봐! 100

3장 우리 가족 환경시계

1. 신나는 여름 방학, 가족 여행을 떠나자!
게임도 이산화탄소를 배출해요 … 106
지구 온난화로 대형 산불이 잦아지고 있어요 … 107
물길을 막으며 강은 죽고 말아요 … 109
바닷가의 모래가 사라지고 있어요 … 110

2. 움직이려면 에너지가 필요해!
탄소에도 발자국이 있다는 사실, 아시나요? … 114
교통 탄소 발자국, 무엇이 클까요? … 115

3. 친환경 숙박 시설은 어디일까?
자원의 낭비를 막는 '공유' 개념을 아시나요? … 120
참여형 소비자(프로슈머)가 뭔가요? … 122
제로 에너지 주택은 어떨까요? … 124

4. 내 건강이 곧 지구의 건강!
푸드 마일리지가 뭐예요? … 128
식량 무역, 참 우스워요! … 129
세계화 시대에 웬 신토불이? … 131
육식은 탄소 발자국 폭탄 … 132
설거지로 기후 변화를 줄인다고요? … 134
플라스틱의 역습, 웃을 일이 아니에요 … 135

나도 환경 지킴이

미니멀 라이프 138

4장 환경시계를 거꾸로 돌려라!

1. 환경시계를 멈추는 마을들
서울의 에너지 자립 마을	142
스웨덴 말뫼와 강원도 홍천	144
삶을 바꾸는 마을, 영국의 토트네스	146
미국의 이타카 생태 마을	150
스페인의 몬드라곤 협동조합	151
에너지 전환 국가, 아이슬란드	153

2. 기후 변화를 막기 위한 세계의 노력
오염자 부담 원칙이 뭐예요?	154
온실가스, 오염자는 누구?	156
기후 변화 협약이 무엇인지 궁금해요	158
왜 1990년을 기준으로 감축량을 정하나요?	159
교토의정서에서는 무슨 약속을 했나요?	160
교토 메커니즘은 뭐예요?	161
교토의정서는 왜 2005년이 되어서야 발효되었나요?	167

3. 미래를 준비하는 세계
새로운 기후 변화 협약은 무엇을 바꾸나요?	168
스스로 정한 목표가 충분하지 않다면요?	170
우리나라는 어떤 노력을 하고 있나요?	171

4. 환경시계를 거꾸로, 거꾸로!
기후 변화를 어떻게 줄여 갈까요?	173
기후 변화에 적응해야 한다고요?	174
녹색기후기금이 뭐예요?	177
지속 가능한 발전이 기후 변화를 줄일 수 있나요?	178

나도 환경 지킴이

4차 산업 사회 180

부록: 생활에 도움이 되는 이야기
1. 똑똑하고 착한 소비자!: 에너지 효율 등급	184
2. 내 손으로 지구를 살려요!: 에너지 절약의 꿀팁!	186

제1장

지구의 환경시계는 9시 33분

지구도 하나의 생명체예요. 태양계에서 자전과 공전을 하고, 땅과 바다와 대기는 자연 법칙에 따라 끊임없이 움직이죠. 그런데 인류가 산업 활동을 한 이후 지구는 커다란 위기를 맞게 되었어요. 바로 기후 변화라는 질병을 앓게 되었지요. 12시에 모든 것이 끝난다고 했을 때, 지구의 환경시계는 지금 9시 33분이에요. 이제 시간이 정말 얼마 남지 않았어요. 지구가 앓는 질병은 인류의 생존을 위협하고 있어요. 우리 모두 지혜를 모아 기후 변화에 대처해야 할 때예요. 그럼 우선 기후 변화란 무엇인지 알아야겠지요?

기후란 무엇일까?

날씨와 기후, 같은 말 아닌가요?

"내일 오후부터 서울 경기 지역에 국지성 소나기가 예상되오니, 우산을 준비하시는 게 좋을 것 같습니다."

우리는 매일매일 일기 예보를 접하고 살아요. 오늘의 날씨, 주간 날씨……. 요즘은 스마트폰으로 내가 사는 동네의 시간 단위 일기 예보도 알 수 있어요. 일기 예보는 오늘 기온이 높은지 낮은지, 비가 몇 시쯤 내릴지, 구름이 낄지 맑을지부터 미세 먼지 주의보까지 다양한 정보를 알려 주지요. 일기 예보를 해 주는 곳은? 맞아요, 기상청이에요. 기상청에선 날마다 기상 정보를 방송국 인터넷으로 발표해 사람들이 날씨를 알 수 있게 해 줘요. 그날 날씨뿐만 아니라 주간 날씨, 월간 날씨도 예측해 알려

주지요. 덕분에 우리는 우산을 준비하거나, 옷을 두껍게 입거나, 행사 또는 약속을 취소하거나 미루는 등 미리미리 대비할 수 있어요. 이렇게 맑음, 흐림, 눈, 비, 기온 등 일기 예보로 알 수 있는 그날그날의 기상 상태를 '날씨'라고 해요.

그렇다면 기후는 무엇일까요. 날씨와 달리 장기적인 기상 상태를 말해요. 그날그날의 기상 상태를 오랜 시간 관찰해 보니 해마다 비슷한 시기에 비슷한 기상 현상들이 일어난다는 것을 알게 되었어요. 예를 들면 개구리가 깨어난다는 경칩이 되면 나무는 겨우내 쓸쓸했던 나뭇가지에 새로운 잎을 틔울 준비를 하지요. 7월이 되면 장마가 올 것을 알고, 여름

기상청은 어떤 곳인가요?

기상청은 자연 현상으로부터 국민의 생명과 안전을 지켜 주는 정부 기구예요. 기상 위성, 기상 레이더, 지진 관측 장비, 바람 관측 장비, 낙뢰 관측 장비, 해양 기상 부이 등 첨단 장비를 이용해 날씨와 자연 현상을 관찰하고 연구해 예측하는 곳이죠. 각종 관측 장비에서 1분마다 들어오는 자료를 슈퍼컴퓨터로 분석해 일기 예보를 내보내요. 날씨뿐만이 아니라 지진, 해일, 화산 활동 등도 관측해 위험을 미리 알려 주기도 하지요. 우리나라를 비롯해 세계 각국의 기상청은 기후 변화를 관측하고 연구하는 데에도 큰 역할을 하고 있답니다.

이 지나 처서가 되면 슬슬 선선한 바람이 분다는 것도 알게 돼요. 9월에는 간간이 태풍이 몰아치기도 하니 더욱 열심히 일기 예보에 귀를 기울여요. 10월은 맑은 가을 하늘을 가장 많이 볼 수 있는 때라서 학교에선 운동회가 열리고 마을마다 축제가 벌어지기도 하지요. 그러다가 벌판에 서리가 내리면 미처 거두지 못한 농작물을 거둬들이고 한 해 농사를 마무리합니다. 이렇게 반복해 오랜 세월 축적된 기상 현상을 우리는 '기후'라고 불러요. 기후는 조상 대대로 살아온 우리네 생활 풍습과도 밀접하게 관련이 있고, 쉽사리 변하지 않는 특성이 있어요.

평년 기온은 뭔가요?

일기 예보에 귀를 기울이다 보면 '평년 기온'이라는 말을 자주 들을 수 있어요. "올여름은 평년 기온보다 높아 무더위가 예상됩니다."라든가, "평년보다 기온이 낮고 눈이 많이 내릴 것"이라며 올해 기온을 평년 기온과 비교하곤 해요. 그럼 평년 기온이란 도대체 어느 해의 기온일까요?

평년 기온은 특정한 어떤 해가 아니라, 과거 30년간의 기온을 조사해 평균값으로 정리한 수치예요. 그러니까 오늘 기온이 과거 30년간의 평균값과 얼마나 비슷한지 비교해 알려 주는 것이지요. 올 12월이 유난히 포근했다면, 그것은 해마다 12월에 나타난 평균 기온보다 실제로 기온이 높았다는 것을 뜻해요. 평년 기온이 30년의 평균치를 나타내기는 하지만, 대개 10년마다 새롭게 평년 기온을 구합니다. 2018년이라면 1981년부터 2010년까지 30년간의 자료에서 구한 값이에요.

또 뉴스에서 자주 듣는 지구촌 소식 중에는 '이상 기후'라는 말이 있어요. 말 그대로 기온이나 강수량 따위가 정상적인 상태를 벗어난 기후를 말하지요. 사계절이 뚜렷한 우리나라가 봄, 가을이 짧아지고 여름, 겨울이 길어진 것도 이상 기후예요. 바다에 아열대성 어류가 살고 여름에는 무더위와 집중 호우가, 겨울에는 폭설과 한파가 자주 나타나는 현상도 마찬가지지요. 북극권의 기온이 30℃를 넘고 스웨덴은 사상 최악의 가뭄에 시달리고, 이상 고온에 홍수와 폭우 등 현재 지구를 신음하게 만드는 이 모든 것들이 이상 기후랍니다. 그리고 이상 기후도 평년 기온과 마찬가지로 대개 30년의 기간에 한 번 정도 나타나는 기상이나 자연 현상을 말하지요.

기후와 우리 생활은 무슨 관련이 있나요?

일기 예보는 하루하루 달라지는 기상 상태를 관측해 갑작스럽게 발생할 수 있는 재난을 대비하게 해 줍니다. 그러나 일기와 다르게 기후는 농업을 비롯한 각 분야의 경제 활동이나 국민 전체의 삶에 커다란 영향을 주지요. 그러니 기후를 잘 알고 있다면 큰 도움이 될 거예요. 예를 들어 볼까요. 우리는 장마철이 언제 시작되는지 알고 있답니다. 그래서 하천이 범람하거나 산사태가 발생하지 않도록 대비할 수 있죠. 우리나라 기후는 연간 강수량의 절반 가까이가 장마철에 집중해 내리기 때문에 여름철, 특히 장마 기간에 준비를 철저히 하면 피해를 줄일 수 있어요. 하지만 지난 몇 년간은 '마른장마'라고 해 비가 충분히 내리지 않아서 일부 지역에서는 가뭄이 심했어요. 마른장마가 계속되면 물이 부족해져 지하수를 끌어 올려 농업용수로 사용하게 됩니다. 하지만 물을 퍼 올리는 데에도 한계가 있고, 비용도 많이 들어요. 그러면 농산물의 가격도 당연히 올라간답니다. 농산물의 가격이 올라가면, 경제 전체가 영향을 받아서 마치 도미노 패가 쓰러지듯 국가 전체로 많은 어려움이 퍼져 나가겠죠.

    물론 기후는 사람만의 문제가 아니에요. 산과 들에 싹이 나고 꽃이 피면 나비와 벌 같은 곤충들이 이곳저곳 옮겨 다니면서 수분(꽃가루받이)을 하고, 열매를 맺게 되지요. 그런데 꽃이 늦게 피거나 일찍 펴서 곤충의 활동 시기와 어긋나 버리면 수분이 이뤄지지 않아 나무는 열매를 맺을 수 없게 돼요. 그러면 나무 열매를 먹고 살아가는 동물들까지도 연속적으로 영향을 받게 된답니다. 곤충은 곤충대로 개체 수가 줄어서 수분을 못 하게 되니 순환해야 하는 생태계의 질서가 무너지게 되겠지요. 따라서 기후는 생태계의 먹이 사슬과 번식에도 직접적인 영향을 줍니다.

기후를 만드는 시스템이 있다고요?

기후가 우리의 삶에 영향을 준다는 것은 알았는데, 거꾸로 기후에 영향을 주는 것은 무엇일까요?

우리는 기후라는 말보다는 계절이라는 말을 더 많이 사용해요. 기후와 계절이 같은 말은 아니지만 어떤 지역의 기후가 변하면 그 지역에 나타나는 계절의 양상도 다르지요. 우리나라는 봄, 여름, 가을, 겨울 사계절이 뚜렷했어요. 그러나 기후가 변한 지금은 봄과 가을이 점점 짧아져 여름과 겨울이 매우 길어지고 기온이 올라가 아열대 기후를 보이는 곳도 있어요. 아열대 기후는 겨울의 평균 기온이 5℃ 이상인 기후예요. 이렇듯 계절과 기후가 밀접한 관계에 있으니 계절이 생기는 이유부터 알아보도록 해요. 지구가 태양의 주위를 공전하고, 또 지구가 자전한다고 하는데 공전과 자전 중에서 계절에 영향을 주는 것은 무엇일까요?

정확히 말하자면 지구의 기울어진 자전축과 공전이 계절의 변화를 만들어 냅니다. 지구는 똑바로 서 있지 않고 약 23.5도 비스듬히 기울어져 있어요. 북반구에서 볼 때 지구의 자전축이 태양을 향해 기울어져서 공전할 때는 여름이 되고, 자전축이 태양과 멀어지는 쪽으로 기울어져서 공전 궤도를 따라 돌 때는 겨울이 되지요.

하지만 지구의 공전과 자전만으로 기후가 형성되는 것은 아니랍니다. 기후는 지구의 대기, 해양, 육지, 눈과 얼음, 생물, 이 다섯 가지의 상호

작용으로 만들어져요. 그렇기에 다섯 가지 요소 중에서 하나가 변하면 다른 요소들도 영향을 받고, 결국 기후가 변하게 되지요. 이를 '기후 시스템'이라고 불러요. 시스템이라는 말을 들으니 왠지 어렵게 느껴지나요? 기후가 한 가지 원인으로 변화되는 것이 아니라는 말이에요.

대기의 대류권은 지상에서 8~15km 떨어져 있어요. 공기가 활발히 움직이고 물이나 얼음으로 이루어진 구름이 머물기도 하지요. 그래서 기후에 큰 영향을 끼쳐요.

지구에 있는 물도 지구 기후에 큰 영향을 끼치지요. 지구 표면의 71%가 물로 덮여 있는 것, 여러분도 잘 아실 거예요. 그 물 가운데 97.2%가 바다에 속해 있어요. 강과 호수, 그리고 지하수와 같이 땅속에 있는 물도 매우 중요하죠. 지구의 물은 생명과 기후에 없어서는 안 될 존재예요.

역시 땅과 산, 숲과 사막 모두 지구 기후에 영향을 줍니다. 땅 위의 얼음과 빙하도 중요한 역할을 해요. 마지막으로 지구 기후에 영향을 끼치는 존재는 동식물과 같은 생명체예요. 식물은 이산화탄소를 흡수하고 산소를 배출하는 지구의 허파라고 하지요. 당연히 식물과 함께 공존하며 생태계를 이루는 곤충과 동물도 지구 환경에 영향을 끼칩니다. 물론 지금 가장 큰 문제를 일으키는 인간의 산업 활동을 포함해서요.

기후가 열의 이동 때문에 생긴다는데…

지구 생명의 원천은 무엇일까요? 바로 태양 에너지예요. 하지만 같은 태양계에 속한 다른 행성에는 지구와 같은 생명체가 살지 못하는 것을 보면, 태양 에너지만 있다고 생명이 존재할 수 있는 것은 아니겠죠.

지구는 둥글어서 태양에서 오는 에너지를 적도 부분이 더 많이 받고, 극지방으로 갈수록 적게 받아요. 실제로 적도에서 받는 태양 에너지는 남극이나 북극에서 받는 에너지보다 2.5배 더 많답니다. 이때 태양에서 받은 강력한 에너지를 적도 지역에서부터 극지방으로 나눠 주는 매개체는 대기(공기)와 바닷물(해수)이에요. 특히 우리나라가 위치한 북위 30도에서 60도 사이의 지역에서는 대기가 열에너지를 활발하게 이동시키기 때문에 날씨 변화가 생기고, 사계절이 뚜렷한 기후도 발달하지요. 반면 적도라든가 극지방은 변화가 덜한 편이에요.

태양계에 있는 모든 행성이 다 둥글게 생겼으니 다른 행성들도 지구와 같은 기후를 가지고 있을까요? 수성, 금성, 화성, 목성, 토성, 천왕성, 해왕성 등 태양 주변을 도는 행성들도 모두 태양 에너지를 받지만, 행성마다 온도는 모두 달라요. 태양에서의 거리에 따라 도달하는 에너지도 다르고, 공전할 때 행성의 자전축 기울기에 따라서도 다르지요. 행성을 이루는 물질들도 달라서 기후 시스템 자체가 지구와는 완전히 달라요. 다른 행성에선 낮과 밤의 온도 차가 너무나 커서 생명체가 살아가기 매우 어렵다고 해요. 게다가 우주 방사선을 막아 주는 대기와 지표면을 가득 채운 물(바다)은 지구에만 있답니다.

지구가 일정한 기온을 유지하는 비결

지구는 금성이나 화성과 달리 생명체들이 살아가기 적당한 온도를 유지하고 있어요. 그 비결은 무엇일까요? 태양에서 오는 에너지 중 받아들이고 내보내는 양이 같기 때문에 일정한 온도를 유지할 수 있답니다. 이것을 지구의 '에너지 평형'이라고 불러요. 태양 에너지는 열로 지구에 들어오기 때문에 '열평형'이라는 말로도 불러요.

태양에서 지구로 들어오는 에너지를 100이라고 했을 때 대략 70 정도는 대기와 지표에 도달하고 30 정도는 구름과 지표면에 반사되어서 바로 우주로 빠져나가지요. 그럼 지구는 70만큼의 열을 계속 가지고 있을까요? 아니에요. 일부는 대기 중에 머물다가 지구 밖으로 방출되고, 또 일부는 지표면에 흡수되었다가 지구가 방출하는 에너지가 되어서 밖으로 빠져나가게 되지요. 이렇게 지구에 머물다가 방출되는 에너지를 지구 복사 에너지라고 해요. 태양에서 들어오는 에너지와 지구에서 나가는 에너지의 양이 같기 때문에 지구는 일정한 기온을 유지하게 되는 거랍니다.

하지만 들어오는 에너지와 나가는 에너지가 달라지면 어떻게 될까요?

그렇죠. 바로 지구의 열평형 상태가 깨지게 된답니다. 대기에 있는 구름이나 빙하, 만년설과 같은 흰 부분은 태양 에너지를 잘 반사하는 반면, 검거나 어두운 색이 있는 부분은 반사하는 양이 적어요. 여러분이 여름에 흰옷을 입으면 조금 더 시원하고, 겨울에 어두운 색을 입어서 따뜻하게 하려는 것과 같은 원리예요. 과학자들은 북극의 빙하가 녹고, 만년설이 녹으면서 태양 에너지를 반사하는 양이 줄어들어 더 많은 에너지가 지구에 쌓이게 된다고도 말하고 있어요.

지구의 자동 온도 조절기, 바다

바다는 어떻게 기후 시스템과 관련을 맺고 있을까요? 〈니모를 찾아서〉라는 영화를 본 적이 있을 거예요. 니모를 찾기 위해 아빠 말린은 아주 먼 여행을 합니다. 거대한 해류를 타고 이동하는 이백 살이 넘은 거북이들을 만나는 장면은 아주 재미나지요. 말린이 휩쓸려 들어간 그 바닷물은 호주 동부 해류라고 부르는데, 해류란 거의 일정한 방향과 속도를 가지고 이동하는 큰 흐름을 일컫는 말이에요. 특히 지구 전체를 돌고 있는 해류의 흐름을 '대순환띠' 혹은 '대해류'라고 하지요.

그림을 보면 이해가 쉬울 거예요. 태평양의 적도 부근에서 데워진 바닷물은 동쪽에서 서쪽으로 부는 무역풍에 밀려 서쪽으로 이동해요. 해류가 아시아 동쪽을 거쳐서 인도양으로 흘러들어 가고, 인도양을 지나 아프리카를 돌아서 대서양 바다로 이동해요.

한편, 태평양의 따뜻한 바닷물은 바람을 타고 북쪽으로 이동하면서 유럽에 온기를 옮겨 줘요. 하지만 그린란드 근처까지 올라간 해류는 아주 차가워지면서 염분을 많이 머금고 깊은 바닷속으로 가라앉아 대서양의 서쪽인 아메리카 대륙을 돌아 페루 근처인 동태평양 지역으로 와서야 해수면으로 올라오게 돼요. 물도 참 어마어마하게 먼 여행을 하지요?

해류가 순환하는 원리는 크게 두 가지예요. 바람이 미는 힘에 의해 해수의 위쪽이 움직이는 '풍성 순환'과 수온(열)의 변화와 염분 농도(염)의 변

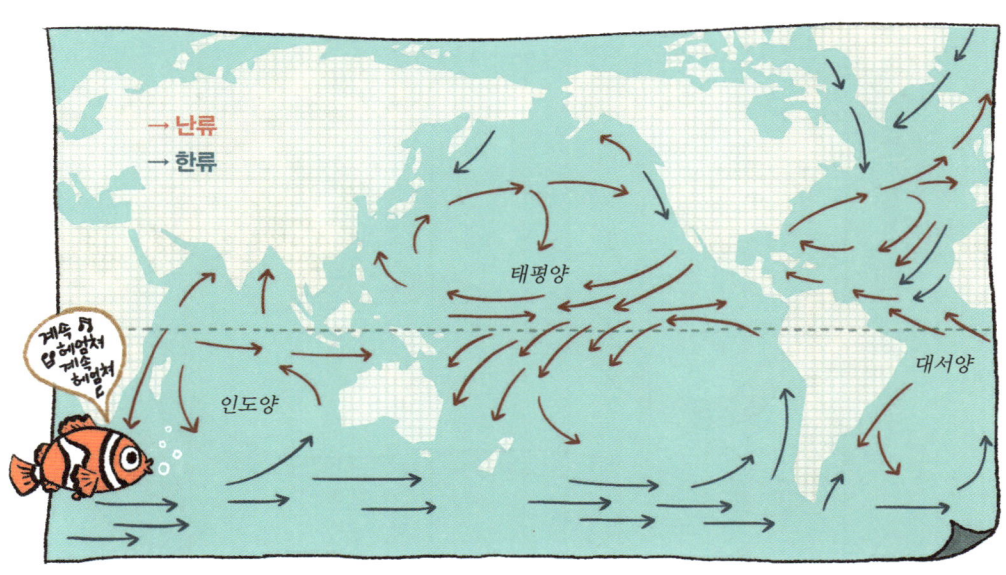

화 때문에 생기는 '열염 순환'이 있어요. 물질은 더운 곳에서 찬 곳으로, 농도가 진한 곳에서 낮은 곳으로 움직이니까요. 그런데 이 두 가지 순환은 동시에 일어난다고 보아야 해요. 한 가지만의 이유로 해류가 움직이는 것은 아니기 때문이죠.

해류는 열을 이동시키고 대기 중의 수증기량을 변화시키기 때문에 바다에서 태풍을 만들기도 하고, 엘니뇨 같은 이상 기후를 만들기도 해요. 대해류는 마치 보일러의 물이나 에어컨의 찬 바람처럼 순환하면서 지구라는 집의 온도를 항상 일정하게 유지하는 큰 역할을 맡고 있어요. 어느 날 해류가 움직이지 않는다고 생각해 보세요. 지구는 아주아주 큰 곤경에

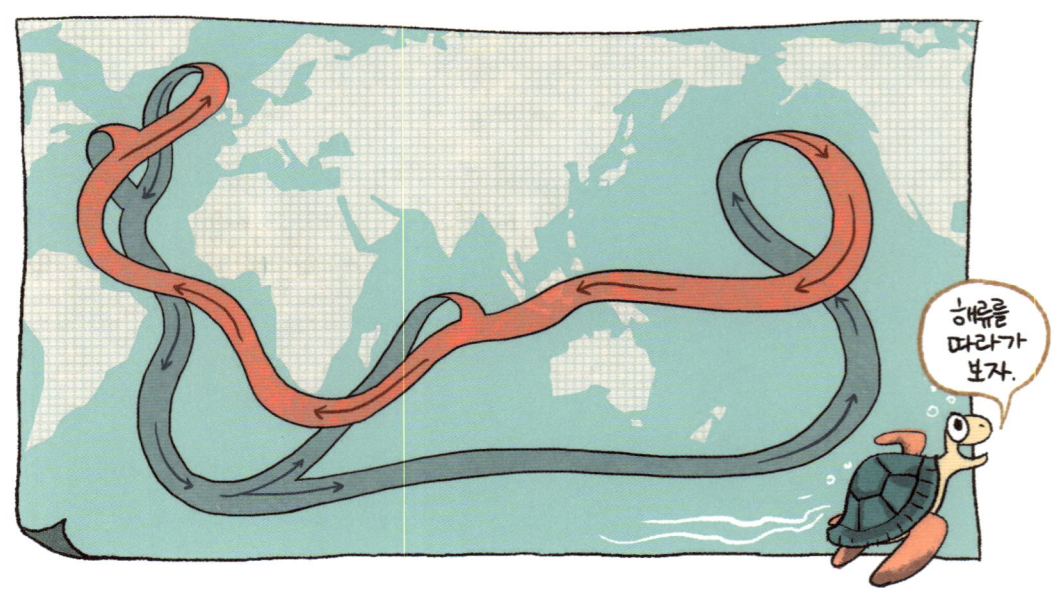

처하게 될 거예요. 기후학자들은 인간이 불러온 기후 변화가 해류의 흐름에 영향을 주면서 예상치 못한 자연재해를 더 많이 만들어 낼 것이라고 해요.

생물도 지구 기후에 영향을 준다고요?

　기후 시스템 중 인간을 포함한 생물들은 기후와 어떤 관계가 있을까요? 지난 몇백 년간 인간은 산업화와 도시화로 지구의 토양과 수질 변화에 많은 영향을 주었지요. 그러나 아주 오래전부터 기후에 직접적인 영향을 주었던 요소는 토양(흙)과 그 토양에 분포하고 있는 식물이랍니다. 토양에는 다양한 물질이 있어서 이들이 대기로 방출돼 기후에 영향을 주게 돼요. 특히 습지라든가 삼림은 육지에 있는 물의 흐름을 변화시키기 때문에 중요하답니다.

　또 식물의 분포는 앞서 말했던 태양 복사 에너지의 반사율에 영향을 주지요. 북쪽의 툰드라나 타이가 지역의 눈이 녹아 어두운 색이 나타나면 더 많은 빛을 흡수하게 되니까요. 반면 사막화가 된 지역은 밝은색이라서 빛을 많이 반사하는 편이랍니다. 그리고 식물은 온도 유지나 광합성 작용에 도움을 주기 위해 수증기를 내보내는 증산 작용을 하는데, 이 활동은 대기 중에 있는 수증기의 양에 영향을 줘요. 이는 곧 강수량에 영향을 준다는 뜻이지요. 여러분이 알고 있듯이 식물은 광합성 작용을 하면 산소를 배출하고, 이산화탄소를 흡수해요. 그러나 주로 식물이 기후에 영향을 미치는 부분은 증산 작용과 태양 복사 에너지 반사율이랍니다.

혹시, 문득 '이산화탄소가 증가하면 오히려 식물이 더 많은 광합성을 해서 좋은 게 아닐까?' 하는 질문이 떠올랐나요? 실제로 대기 중에 이산화탄소량이 늘면 일부 식물들은 단기적으로 성장이 활발해지기도 해요. 하지만 장기적으로 보면 성장을 촉진하는 효과가 없다는 것이 학자들의 실험으로 밝혀졌어요. 그러니 이산화탄소만 많다고 반드시 식물의 성장이 촉진되는 것은 아니랍니다.

기후도 변한다고?

지구 전체가 겨울 왕국?

앞에서 "날씨는 계절에 따라 변하는 것이지만, 기후는 잘 변하지 않는다."고 하지 않으셨나요? 맞아요. 오랜 기간의 자료를 바탕으로 기후를 말하기 때문에 분명 기후는 쉽게 바뀌지 않아요. 하지만 지구가 생긴 이래로 늘 같은 기후를 보였던 것은 아니에요. 만화 영화 〈아이스 에이지〉를 보면 마치 지구 전체가 꽁꽁 얼어붙었을 것 같은 빙하기가 등장해요. 지구의 모든 나라가 〈겨울 왕국〉과 같았을지도 몰라요. 그러나 실제로는 영화 속 이야기처럼 지구 전체가 꽁꽁 얼어붙었던 것은 아니에요. 기후학자들은 46억 년의 지구 역사 중 지구의 평균 기온이 2~10℃ 정도의 범위에서 왔다 갔다 했을 것으로 생각해요. 이때 상대적으로 기온이 낮은 시기를 '빙하기'라고 하고, 높았던 시기를 '간빙기'라고 불러요.

지구가 가장 추웠을 때는 빙하가 지구의 35% 정도를 덮고 있었던 것으로 추정하지만, 대부분의 빙하기는 지구의 14~16%가 빙하로 덮여 있었을 것이라고 보고 있어요. 물론 그 범위 안에서 약간의 차이는 있겠지요.

그럼 현재 우리는 간빙기에 있는 걸까요? 기후학자들은 우리가 약 1만 2천 년 전부터 시작된 간빙기에 살고 있다고 해요. 새로운 빙하기는 약 3만 년 이후에 찾아올 것으로 예측하지만, 정말로 지금 시기가 장기간의

빙하기는 뭐고, 간빙기는 뭐예요?

지구의 평균 기온이 내려가서 빙하가 발달했던 시기를 빙하기라고 해요. 7억 년 전에 있던 빙하기 때는 적도 지역에도 빙하가 있었다고 하니까, 잘 상상이 가지 않지요? 빙하기가 끝나고 다음 빙하기까지 온난한 시기가 찾아오는데, 이때를 간빙기(間氷期)라고 불러요. 최근 수백만 년 동안에는 약 4만 년을 주기로 빙기와 간빙기가 교대하다가, 최근에는 10만 년 단위로 교대하면서 현재에 이르고 있어요. 학자들은 마지막 빙하기가 약 1만 년 전에 끝이 나, 지금 우리가 사는 지구는 간빙기를 지나고 있다고 말해요. 어떤가요? 기후는 이렇게 수만 년 단위로 변화해야 정상인데, 최근 100년간 지구가 너무 급작스럽게 변하고 있다는 건 정말로 큰 문제가 있다는 뜻이에요.

간빙기인지, 빙하기 중에 잠시 온난한 시기를 겪고 있는 것인지는 확실히 알 수 없다고 주장하는 학자들도 있답니다. 결국 수만 년이 지나 봐야 오늘날의 인류가 간빙기였는지 정확하게 판단할 수 있을 것 같네요.

빙하기는 왜 생겨요?

수십만 년간의 기후 변화를 살펴보면 빙하기와 간빙기로 기온의 변화가 주기적으로 반복되는 것을 알 수 있어요. 그런데 왜 이런 현상이 생길까요? 지구는 늘 태양의 주변을 같은 궤도로 돌고 있는데 말이죠.

그 이유를 지구의 공전 궤도 때문이라고 한 이론이 있어요. 바로 '밀란코비치 주기 이론'이라고 부르죠. 이 이론에 따르면 지구의 공전 궤도는 원형과 타원형을 왔다 갔다 한다고 해요. 지구의 공전 궤도가 원형에서 완만한 타원형으로 변화하는데 그 주기가 10만 년쯤이라고 보고 있어요. 태양계에서 지구 혼자 태양 주변을 돌고 있다면 지구의 공전 궤도는 변하지 않겠지만, 지구 주변에는 목성과 토성처럼 중력이 센 행성들이 일정한 주기로 가까워졌다가 멀어지기를 반복하기 때문에 지구의 궤도도 약간 영향을 받게 되지요. 이에 따라 지구의 공전 궤도가 원형에 가까울 때는 계절의 변화가 적고, 타원형에 가까운 궤도를 그릴 때는 계절의 변화가 크게 나타나요. 이러한 공전 궤도의 변화가 10만 년마다 일어나기 때문에 거의 10만 년 간격으로 기후가 변한다고 보는 것이지요.

그러나 어떤 학자들은 지구의 역사를 보면 반드시 밀란코비치 주기 이론처럼 수십만 년에 걸쳐서 일어나는 주기적인 변동만 가지고는 설명이 어렵다고 주장하기도 해요. 이들의 주장에 따르면, 화산 활동 혹은 대륙 이동 등이 기후 변화의 원인이 되기도 한대요. 학자들의 이론은 새로운 증거가 발견되면 또 바뀔 수가 있어요. 그것은 과학의 발전 과정이기도 하니까 새로운 이론이 나왔을 때 그 시대에 적합한 이론을 선택하는 것은 그 시대를 살아가는 우리의 몫이겠지요.

갑자기 빙하가 녹고 있다고요?

기후가 얼마만큼 변해야 기후 변화라고 말하는 걸까요? 기후 전문가들은 '기온'의 장기적인 변화를 '기후 변화'라고 말하고 있어요. 하지만 지구 전체의 기온이 일정하게 상승하는 것이 아니라 어떤 지역은 기온이 상승하지 않기도 해서 기온만으로 기후 변화를 설명하지는 않아요. 지구의 지표와 해수면의 온도가 올라가고, 만년설과 빙하가 녹아서 그 면적이 달라지고, 해수면이 상승하는 등 기후 변화는 다양한 현상으로 설명된답니다.

오늘날의 방식으로 기온을 측정하기 시작한 1880년부터 2012년까지 관측한 기온 기록을 보면, 지구의 기온은 평균 0.85℃ 올라갔어요. 또 지난 2015년까지의 기록을 살펴보면 지구에서 관측된 열여섯 번의 가장 더웠던 해 중 열다섯 번이 2000년 이후에 발생했어요. 일시적이고 우연한 일이라고 하기에는 너무나 또렷한 현상이지요.

기온 상승 외에 기후 변화를 나타내는 징후는 만년설이나 빙하의 면적에서도 드러나요. 지구 전체의 고산 지대에서 만년설이 줄어들고 있고, 적설량도 줄어들고 있어요. 특히 겨우내 내린 눈이 녹는 시기가 점점 당겨지고 있다고 해요. 겨울에 스키장에서 눈을 만드는 인공 제설기가 작동하는 모습을 보았을 거예요. 해마다 적설량이 줄어들어 스키장은 수억 원의 돈을 들여서 인공 눈을 만들고 있답니다.

북극의 빙하 면적은 계절에 따라 넓어지기도 하고 줄어들기도 해요. 하지만 기후 변화 현상은 여름에 더 많이 목격되지요. 근래에 와서 여름에 북극의 빙하가 많이 녹아서 큰 배가 다닐 수 있는 북극 항로가 열리는 정도가 되었으니까요. 게다가 북극곰이 머물 얼음을 찾지 못해 가까스로 헤엄쳐 다니는 장면이나 먹이가 없어 비쩍 말라 버린 북극곰의 사진을 본 적이 있을 거예요. 실제로 북극 가까이에 있는 시베리아나 알래스카의 **영구 동토층***은 얼음이 녹고 있어요. 그린란드는 1978년 이후 해마다 4만 4천km²의 얼음이 녹는다고 하니 실로 어마어마한 양의 얼

> **영구 동토층**
> 지표면이 영하로 떨어지면 땅속 수분이 얼어서 층을 이루게 되는데, 이것을 동토층이라고 해요. 북극해 연안에는 1년 내내 얼어 있는 동토층이 있는데, 이를 영구 동토층이라고 합니다.

음이 녹고 있는 셈이지요. 해마다 남한 면적의 반이 녹아내리는 거예요. 특히 여름에 얼음이 녹더라도 겨울에 다시 얼어서 두꺼운 얼음층을 유지해야 하는데, 겨울에 만들어지는 얼음의 양이 여름에 녹는 얼음의 양에 비해 턱없이 부족해 점점 빙하가 줄어들고 있어요.

남극은 그나마 유일하게 지구 온난화 등 기후 변화의 소용돌이 속에서도 크게 영향을 안 받는 것처럼 알려졌지만, 실제로는 남극 빙하의 두께도 얇아지고 있답니다. 미국 항공 우주국에서 찍은 남극 사진을 보면 마치 얼음 면적이 늘어나는 것처럼 보여요. 하지만 얼음 면적이 넓어지는 것처럼 보이는 사진은 실제로는 빙하가 녹아 흐르다가 얇게 다시 얼어붙은 현상으로 해석하기도 해요.

기후 변화,
인간이 주범!

기후 변화는 자연 현상 아닌가요?

    인간이 지구에 나타나기 전에도 빙하기와 간빙기가 있었다면, 기후 변화가 꼭 인간 때문은 아니잖아요? 이런 질문은 많은 학자가 던진 질문이기도 해요. 그래서 과학자들은 현재 발생하는 기후 변화가 인간 때문에 생긴 것인지 지구의 자연스러운 현상인지 설명하는 데 많은 노력을 기울였어요. 그리고 자연적인 기후 변화의 속도와 산업화 이후에 발생한 기후 변화 속도가 무척 다르다는 것을 알아냈죠. 만일 1만 년에 걸쳐서 서서히 온도가 1℃ 정도 올라야 하는 것이 자연 현상인데, 1백 년에 걸쳐 1℃가 올라 버렸다면 분명 이상하지 않을까요. 무언가 이유가 있었다고 보는 것이 합리적인 생각일 거예요.

갑자기 지구 기온이 오른 이유는 뭘까요?

각 나라에는 기상청이 있어요. 이들이 수집한 기온과 강수량 자료들을 살펴보면 19세기 중반 이후 평균 기온이 올라간 해가 많았다는 것을 알 수 있어요. 분명 지구 온난화가 발생하고 있다는 증거지요. 그럼 온난화는 왜 발생했을까요? 앞서 소개했던 기후 시스템 중에서 뭔가 변화가 생겼기 때문이겠지요. 태양에서 오는 빛의 양은 일정한데, 지구의 기온이 달라졌다는 이야기는 지구의 열평형을 맞추는 시스템에 변화가 생겼다는 뜻이에요. 그래서 과학자들은 도대체 지구에 열을 더 많이 가두는 효과가 어디에서 오는 것일까 조사하기 시작했어요.

그중에서도 19세기 말 영국의 물리학자 존 틴들(1820년~1893년)은 대기 중의 수증기나 이산화탄소, 오존 등이 산소보다 태양 복사 에너지를 흡수하는 능력이 뛰어나기 때문에 이런 기체들이 공기 중에 늘어나면 기온이 올라갈 수도 있다고 주장했어요. 이것이 바로 '온실 효과'예요. 즉 인간의 활동으로 이런 온실 효과 기체들이 많이 만들어진다면 지구 온난화가 인간 활동 때문이라는 것을 설명할 수 있는 근거가 된 셈이지요.

온실 효과는 어떻게 발견되었나요?

틴들의 연구 이후, 많은 과학자가 지구의 기온 변화와 온실 효과에 관심을 기울였어요. 이 이론을 증명할 과학적 증거가 필요했거든요.

미국의 로저 레벨이라는 과학자는 하와이의 마우나로아 기상 관측소에서 온실 효과를 만들어 내는 이산화탄소를 측정하기 시작했어요. 그는 갓 박사가 된 젊은 찰스 킬링을 연구원으로 채용해 마우나로아 기상 관측소에서 대기 중의 이산화탄소를 매일 조사했지요. 킬링은 1958년부터

하와이 마우나로아산에 위치한 기상 관측소에서 측정한 이산화탄소 측정값은 지구의 대푯값이라 할 수 있다._ⓒ Sasquatch

2005년 사망하기 전까지 하와이 마우나로아산 해발 4천m 정상에서 이산화탄소를 매일 측정했어요. 이 측정 기록은 세계를 깜짝 놀라게 했어요.

'킬링 커브(Keeling Curve)'라고 알려진 그래프는 1958년부터 현재까지의 이산화탄소 농도를 보여 준답니다. 톱니바퀴처럼 보이는 그래프가 무척 흥미롭지요? 그래프를 보면 가로축에 연도가 표시되어 있고, 세로축에는 대기 중의 이산화탄소 농도(ppm: parts per million)가 표시되어 있어요. 단위 ppm은 100만 개의 공기 분자 중에 이산화탄소 분자가 몇 개 포함되어 있는지를 표시한 거예요. 우리가 흔히 쓰는 퍼센트(per-cent)가 100개 중에 특정 물질이 몇 개 포함되어 있는지를 표시하는 단위라면, 이것보다 훨씬 더 작은 농도를 표시할 때 ppm을 주로 이용하게 됩니다.

2017년 1월 22일의 이산화탄소 농도는 406.58ppm으로 측정되었고, 이것은 100만 개의 공기 분자 중에 이산화탄소 분자가 406.5개 들어 있다는 뜻이에요. 맨 처음 측정되었던 310~315ppm보다 100ppm 가까이 증가한 양인데, 수십억 년의 지구 수명을 생각했을 때 겨우 수십 년 안에 30% 이상 증가했다는 사실이 무척 놀랍지요.

그래프를 가만 들여다보면 한 해 안에서도 높고 낮음이 계속 반복되고 있는데, 그 이유는 계절에 따라서 식물의 광합성량이 달라져서 이산화탄소 농도에 영향을 주기 때문이랍니다. 즉 온대 지역의 식물이 광합성을 하기 직전인 5월에는 이산화탄소를 별로 흡수하지 못하기 때문에 이산화탄소의 농도가 다소 높게 나타나고, 식물이 잎을 다 틔우고 성장을 마치

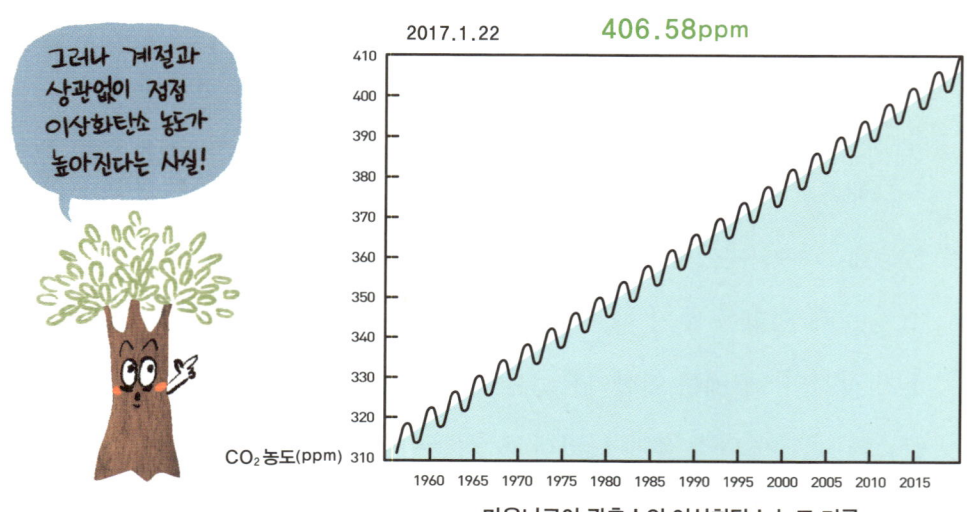

는 9월 말에는 광합성이 활발해져 이산화탄소를 흡수하기 때문에 이산화탄소 농도가 다소 낮아지게 되지요. 하지만 계절과 상관없이 해가 갈수록 이산화탄소의 농도가 높아지고 있다는 사실 때문에 킬링의 그래프는 틴들의 온실 효과 이론을 뒷받침하는 과학적 발견이 되었어요.

이산화탄소만 지구 온난화에 영향을 주었나요?

우리는 과학 시간에 전체 지구 대기의 78%는 질소고, 21%는 산소, 나머지 1%도 되지 않는 기체 중 이산화탄소는 0.03~0.04% 정도로 적다고 배웠어요. 이렇게 적은 양인데, 이산화탄소가 왜 기후 변화의 주범으로 등장하게 된 것일까요.

지구의 기온 변화에 영향을 끼치는 기체를 '온실가스' 또는 '온실기체'라고 불러요. 온실가스에는 이산화탄소 말고도 수증기나 메탄, 아산화질소 등 오존을 발생시키는 여러 물질이 있어요. 특히 수증기는 지구에서 반사되는 열을 차단해 밤에 지구의 기온이 낮아지는 것을 막아 주지요. 하지만 수증기는 며칠 안에 증발하거나 구름으로 뭉쳐 비로 내리기 때문에 대기 중에 쌓이지는 않아요. 그래서 실질적으로 온실 효과를 내기는 하지만 문제를 일으키지는 않죠. 자연 상태에서 물질이 썩으면서 발생하는 메탄은 이산화탄소의 21배에 달하는 온실 효과를 발생시키기 때문에 배출량이 늘면 심각한 문제가 될 수 있어요. 그렇지만 기후 변화를 일으키는 주범은 바로 이산화탄소예요. 과학자들은 지난 250년을 돌아보며 관찰한 결과 온실가스 중에서 가장 지구의 기후에 악영향을 미치는 물질이 이산화탄소라는 것을 알아냈답니다.

인간이 지구 온난화의 주범이라고요?

이산화탄소와 메탄 같은 온실가스의 농도가 높아지고 있다고 해서 그것이 반드시 인간 때문이라고 말할 수 있을까요? 화산 활동이라든가 태양 복사 에너지의 변화라든가 지구 자체의 활동 때문에 변할 수도 있잖아요. 이러한 궁금증에 답을 제시하기 위해 과학자들은 극지방의 얼음을 연구했어요.

과학자들은 오랜 시간 얼음 안에 갇혀 있던 극지방의 공기를 분석했어요. 극지방에선 눈이 땅에 떨어진 뒤, 계속 눈이 쌓이면 무게가 늘어나면서 빙하로 얼어붙게 되지요. 이때 공기가 들어찬 구멍들이 얼음 속에 생기는데, 그 안의 공기들은 당시의 대기 상태 그대로 얼음이 녹을 때까지 갇혀 있어야 해요. 그래서 과학자들은 빙하 속에 갇힌 공기를 '대기의 화석'이라고 불러요. 속이 빈 기구를 이용해 빙하를 깊이 뚫으면 기구 속에 얼음이 가득 차서 나오게 돼요. 이것을 얼음 기둥(Ice core)이라고 한답니다. 이 얼음 기둥을 빼낸 후 얼음을 녹여서 공기 안에 어떤 기체들이 얼마나 들어 있는지 함량을 측정하지요. 실제로 얼음 기둥을 통해 아주 오래전 지구의 기후 역사를 살펴본 결과, 메탄 기체와 이산화탄소 기체 농도의 변화가 밀란코비치의 주기와 거의 일치하는 것을 알 수 있었어요. 현재까지 남극의 얼음 연구자들은 65만 년 전까지의 공기를 조사했고, 이들이 10만 년을 주기로 변화했다는 것을 알게 되었답니다.

하지만 화산 활동이나 대륙의 이동이 있었던 그 어떤 시기에도 지금의 이산화탄소 농도인 400ppm까지 이산화탄소의 농도가 높았던 적은 없었어요. 기껏해야 300ppm 이하였지요. 이러한 사실 때문에 인간 활동의 영향으로 지구의 이산화탄소가 증가하고 있고, 온난화도 빠르게 진행되

'기후 변화'와 '지구 온난화'는 같은 뜻인가요?

기후 변화는 지구 온난화와 같은 말은 아니에요. 지구 온난화는 지구 표면의 온도가 올라가는 현상을 말하지만, 기후 변화는 지구 온난화를 포함해 기후의 유형이 바뀌는 것이나 해양, 얼음이나 눈, 생태계 등의 변화까지도 모두 포함하는 말이에요. 그러니까 기후 변화가 더 포괄적인 의미이고, 우리가 겪고 있는 다양한 문제를 포함하고 있답니다. 그러니까 지구 온난화는 기후 변화에 속한 하나의 현상으로 이해하면 돼요.

고 있음을 알게 되었지요. 극지방 과학자들 외에도 세계의 기후 전문가들은 공식적으로 온실 효과를 일으키는 주된 원인이 '인간 활동' 때문이라고 밝혔어요.

늘어난 이산화탄소는 도대체 어디에서 왔을까요?

기가톤(Gt)
톤(t)은 질량을 나타내는 단위예요. 10억 톤이 1000메가톤(Mt)이고, 1000메가톤은 1기가톤(Gt)입니다.

나무가 죽으면 자연적으로 분해되면서 연간 220**기가톤*** 정도의 이산화탄소를 배출해요. 인간이 배출하는 양보다 훨씬 많은 양이긴 하지만 이렇게 자연적으로 발생한 이산화탄소는 최근 증가하는 이산화탄소의 농도에는 거의 영향을 미치지 않는다고 과학자들은 설명하고 있어요. 왜냐하면 자연적으로 발생한 이산화탄소는 대기 중의 이산화탄소를 제거하는 자연적 흡수계인 식물이나 플랑크톤에 대부분 흡수되기 때문이에요. 현재 균형을 깨뜨린 이산화탄소의 주범은 인간이 연료로 쓰는 석탄이나 석유, 천연가스 등 화석 연료예요. 이러한 자원을 화석 연료라고 부르는 이유는 오래전 지구에 살았던 동물이나 식물이 땅속에 묻힌 후 오랜 시간 지열과 지압을 받아서 변형된 자원이기 때문이에요. 지구촌 구석구석, 화석 연료를 태워 전기 에너지를 만드는 발전소나 화석 연료의 열에너지를 기계적 에너지로 바꿔 움직이는 자동차, 비행기, 공장의 기계 등에서 엄청난 양의 이산화탄소가 배출된답니다. 이때 발생하는 이산화탄소가 전체 온실가스의 80% 정도를 차지한다고 하니 화석 연료가 이산화탄소 증가의 주범인 것이지요.

이 외에도 얼어 있는 땅이 녹으면 그 안에 녹아 있던 이산화탄소가 추가로 배출될 것이라고 해요. 그럼 지금보다도 더 빨리 이산화탄소가 증가하게 되는 건 뻔한 일이에요.

오존층은 무엇인가요?

오존층은 지상으로부터 약 10km~50km에 있는 성층권에 분포하고 있어요. 태양의 자외선을 흡수하기 때문에 방패 역할을 하고 있죠. 오존층이 파괴되어 성층권에서 자외선을 흡수하지 못하면 그 아래 있는 대기권의 열평형이 깨질 수 있어요. 또 자외선에 노출되는 식물은 잘 성장하지 못하고, 바다의 플랑크톤이 감소해 먹이 사슬에 악영향을 주게 되죠. 인간의 건강에도 치명적이어서 피부암, 백내장, 면역 결핍증 등을 일으켜요.

이렇게 중요한 오존층 파괴의 주범은 인간이 사용하는 스프레이, 냉장고, 에어컨에 사용되는 프레온 가스예요. 다행히도 세계 각국은 1989년 몬트리올 의정서를 채택해 프레온 가스 배출을 금지해 줄여 왔어요. 그래서 지금은 서서히 오존층이 회복되고 있는 중이랍니다.

다른 온실가스도 인간이 만들어 내나요?

동식물과 곤충은 물론 박테리아에 이르기까지 모든 유기물은 썩게 되죠. 썩는다는 것은 분해된다는 뜻인데요, 이 과정에서 메탄이 발생합니다. 그런데 이 메탄의 발생량이 산업화 이후 급증하고 있어요. 인간의 산업화 이전에는 습지에서 배출되는 메탄이 전부였지만, 지금은 습지에서 배출되는 메탄이 전체 메탄 배출량의 4분의 1 정도를 차지하고 나머지는 가축을 키우는 과정이나 우리가 버린 폐기물 때문에 발생한답니다. 물론 화석 연료를 태울 때에도 발생하지요. 그런데 가축을 키우는 데 메탄이 발생한다니, 무슨 말일까요? 소와 같은 초식 동물은 풀을 먹고 소화를 시키는 과정에서 트림을 많이 하는데, 그때 배출되는 메탄이 아주 많답니다. 가축에서 발생하는 상당량의 메탄이 소의 트림과 방귀에서 나온다고 하니 사람들이 고기를 먹으려고 가축을 많이 키우는 동안 강력한 온실가스가 더 많이 배출된 셈이지요.

지구의 해류와 바람은 다양한 기상 현상을 일으키지요. 태풍이나 허리케인도 그런 기상 현상의 일종이고요. 최근에 강력하고 거대해진 태풍을 '슈퍼 태풍'이라고 해요. 중심 최대 풍속이 초속 약 67m, 시속 240km를 넘는 태풍을 슈퍼 태풍으로 보고 있어요.

슈퍼 태풍이 발생하는 이유는 서태평양의 해수면 온도가 상승하면서 증발하는 수분의 양이 늘어나기 때문이에요. 서태평양의 태풍 발생이 잦아지고 강력해질수록 우리나라도 슈퍼 태풍을 만날 가능성이 커진다고 해요. 특히 온실가스를 줄이지 못하면 그 위험은 더욱 커질 거예요. 우리도 온실가스를 줄이고 동시에 태풍 예보 시스템을 잘 갖춰서 안전하게 대비해야 한답니다.

제2장

더 빨리
돌아가는
환경시계

미국 캘리포니아에선 매년 큰 산불이 나서 걱정이에요. 뉴스를 보면 갈수록 산불 규모도 커지는 것 같아요. 아프리카에서는 사막화가 빨리 진행되어 농사지을 땅이 점점 줄어들고요. 히말라야산맥과 극지방의 빙하가 녹아서 해수면이 상승한다는 뉴스도 들어 보았을 거예요. 우리나라 해안에서도 해수면 상승으로 사라지는 섬이 있을 거라고 해요.
과연 이런 일은 왜 일어날까요? 단순한 자연 현상일까요? 아니면 인간이 환경을 화나게 해서 생긴 부작용일까요?

겨우 1℃ 때문에?

기온이 1℃, 2℃ 올라가는 것이 뭐가 그리 대수죠? 그러게요. 우리는 사계절 동안 영하 20℃부터 영상 40℃에 이르는 기온을 겪고 살잖아요. 지구에는 빙하기도 있고, 간빙기도 있는데 겨우 이 정도 기온 상승이 뭐가 문제일까요?

기후는 고정적인 것이 아니라 늘 일정 수준에서 천천히 변화를 겪습니다. 변화는 놀랄 일이 아니고 자연 현상이지요. 하지만 그 변화가 지구 전체에 걸쳐 단기간에 진행된다면 기후 시스템에 영향을 받는 생태계가 이를 적절히 받아들이지 못하기 때문에 문제가 됩니다. 〈불편한 진실〉이라는 영화를 만들어서 큰 상을 받기도 했던 앨 고어 전 미국 부통령은 강연에서 이렇게 말하곤 해요.

> 아이들의 체온이 2℃ 이상 오르면 부모들은 해열제를 먹이는 등 적극적으로 체온을 떨어뜨리려고 하면서 지구 전체가 2℃ 오르는 것에는 아무런 대책을 세우지 않는 것이 현재 가장 큰 문제입니다.

실제로 인간의 몸도 2℃ 이상 체온이 올라가면 체내 분비가 원활히 이루어지지 않고, 신체 기능이 저하되면서 생명을 위협받습니다. 지구는 지금 얼마나 심각한 기능 저하를 경험하고 있는 걸까요? 기상청이 발간한 〈한국 기후 변화 평가 보고서 2020〉에 따르면, 1912년부터 2017년까지 평균 지표 기온이 10년마다 0.18℃가량 상승했다고 해요. 이는 지구 전체 평균 지표 기온이 10년마다 0.14℃ 상승한 것보다 높아서 우리나라의 온난화가 다른 지역에 비해 매우 빠르게 진행되고 있음을 알 수 있어요. 특히 최근 30년(1991년~2020년)의 기후 평년값은 그 전 30년(1981년~2010년)보다 0.3℃ 높아요. 온난화가 점차 가속화되고 있다는 말이에요. 여러분의 자손이 살아갈 2100년의 한반도에서는 과연 어떤 일이 벌어질까요?

기후 변화, 왜 위험한가요?

지난 1백 년간 지구 평균 기온은 1℃ 정도 올랐는데, 이미 다양한 이상 기후들이 발생하고 있어요. 유엔의 〈기후 변화 보고서〉는 기후 변화로 발생한 직접적인 문제를 크게 여섯 종류로 구분하고 있어요. 첫째 해수면의 상승, 둘째 해안가 침수나 폭풍 해일 증가, 셋째 가뭄과 강수의 변화, 넷째 홍수와 물 부족, 다섯째 해양과 육지 생태계의 파괴, 여섯째 생태계 기능이 떨어져 나타나는 다양한 위험들이에요. 이러한 문제들은 결국 인간 사회에 식량이나 물 공급에 심각한 문제를 일으켜서 건강을 위협하고 삶의 터전을 빼앗는 등 악영향을 끼치게 되지요.

왜 해수면이 상승하나요?

지구 온난화로 빙하가 녹고, 만년설이 녹아 바다로 흘러들면 해수면이 상승하겠지요. 그러나 그것만으로 해수면의 상승 원인을 모두 설명하지는 못해요. 과학적으로 말하자면, 수온이 올라갈수록 물의 부피가 커지는 원리도 작용해요. 그래서 해수면이 상승하는 가장 큰 이유는 해수의 온도 상승이라고 할 수 있어요. 온도가 올라간 바닷물이 열팽창을 하면서 해수면이 상승하는 것이죠. 여기에 대륙 빙하가 녹으면서 해수면이 더

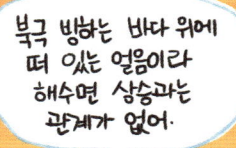

상승하고 있어요. 대륙 빙하는 바다가 아니라 땅 위, 즉 대륙을 넓게 덮고 있는 빙하를 말해요.

바다 위에 떠 있는 빙산은 바닷속에 그보다 더 큰 부피의 얼음덩이가 잠겨 있어요. 이미 잠겨 있는 얼음 부피만큼 해수면이 올라와 있는 상태지요. 그러니 빙산이 녹는다고 해도 해수면이 상승하지는 않아요. 컵에 찰랑찰랑하게 들어 있는 얼음물의 얼음이 녹는다고 물이 넘치지는 않으니까요. 북극의 빙하가 바다 위에 떠 있는 빙산이에요. 반면 남극의 빙하와 그린란드의 빙하는 대륙 위에 쌓인 눈과 물이 얼고 얼어서 빙하가 된 경우예요. 그렇기에 남극의 얼음이 녹으면 해수면이 상승해요. 시멘트와 아스팔트로 덮인 도시가 전 세계적으로 늘어나면서 빗물이 땅으로 스며들지 못하고 바다로 흘러들어 해수면을 상승시킨다는 주장도 있어요. 하지만 아직 의견이 분분하답니다.

1990년 〈기후 변화 보고서〉는 처음으로 지구의 평균 온도가 산업화 이후 0.3~0.6℃가량 상승했고, 해수면 높이는 10~25cm 올랐다고 발표했어요. 그 이후에 나온 보고서들 역시 2100년 즈음 되면 해수면이 적게는 15cm부터 많이 상승하는 곳은 1m 가까이 올라갈 것이라고 해요. 특히 태평양 가운데 있는 섬들은 해수면이 상승해 조만간 사라질지도 몰라요. 섬나라 '투발루'나 '몰디브'의 예는 많이 소개되어서 여러분도 들어 본 적이 있을 거예요. 키리바시의 두 개 섬 역시 1999년 이미 해수면 아래로 가라앉고 말았어요.

우리나라의 남해안도 이미 침수되고 있어요. 2024년 국립해양조사원에서는 우리나라의 해수면이 지난 35년간 매년 평균 3.06mm씩 상승했다고 발표했어요. 이는 과거 10년(2004년~2013년) 동안 2.8cm가 상승한 것에 비해 최근 10년(2014년~2023년)에는 3.9cm가 상승하여 같은 10년이지만 최근 들어 더 빠르게 상승한 것을 알 수 있어요. 그중에서도 동해안의 상승률이 가장 높아서, 지난 35년간 평균 해마다 3.46mm씩 상승했다고 합니다. 우리나라의 해수면 상승 속도는 지구 전체 해수면 상승 속도인 연간 1.7~1.8mm보다 훨씬 높은 수치예요. 해수면 상승으로 닥쳐올 위험이 태평양의 먼 섬나라 이야기일 뿐일까요?

기후 난민이 뭐예요?

해수면의 상승으로 살 곳을 잃은 투발루 섬의 주민들은 고향을 버리고 이민자가 되었어요. 이렇게 기후 변화 때문에 정든 마을을 떠나 다른 곳으로 이주한 사람들을 '기후 난민'이라고 불러요. 기후 난민은 세계 곳곳에서 발생하고 있어요. 태국에서도 해수면이 상승하면서 많은 사람이 내륙 쪽으로 해마다 조금씩 이동하지요. 아프리카에서는 오랜 기간 가물어 물과 식량을 찾아 고향을 등지는 사람이 해마다 증가하고 있어요. 이들 또한 기후 난민이에요. 이리저리 떠도는 신세가 된 기후 난민은 받아 줄 땅이 있으면 그나마 다행이지만, 어디에서도 환영받지 못해 이중 삼중으로 삶이 고통스럽답니다.

왜 슈퍼 태풍이 자주 발생하나요?

기후 변화 때문에 해수면이 상승하면서 침수 피해가 늘어나고 있어요. 게다가 해수 온도 상승으로 더 강력한 태풍이 생겨나고 있어요. 최근에는 과거에 없던 높은 위도에서도 태풍이 시작된다는 것을 발견했어요. 예전에는 적도 근처에서 태풍이 시작되다 보니 북쪽으로 이동하면서 낮은 수온의 바다를 만나면 태풍의 힘이 약해졌어요. 그러나 이제는 해수 온도가 상승해 더 강한 태풍이 육지까지 영향을 주게 되었답니다.

2013년 필리핀에서는 태풍 하이옌이 덮쳐서 6천 명 이상이 사망하고 400만 명이 집을 잃었던 아픈 기억이 있지요. 당시 필리핀 정부 대표는 2013년 11월에 개최된 유엔 기후 변화 협약 당사국 총회에서 기후 변화 때문에 발생한 슈퍼 태풍으로 필리핀이 얼마나 큰 피해를 보고 있는지를 설명하면서 기후 변화를 줄이기 위한 빠른 행동을 취해 달라고 호소하기도 했답니다. 실제로 필리핀은 1년에 평균 세 번 정도 슈퍼 태풍을 맞고, 20회의 크고 작은 태풍을 맞는데 그 피해 규모는 점점 커지고 있어요. 우리나라도 예외는 아니에요. 2002년 8월 우리나라를 강타한 슈퍼 태풍 루사로 8조 원이 넘는 피해를 보았고, 2003년 9월 태풍 매미 때는 5조 원이 넘는 피해가 있었어요.

2017년 미국의 텍사스와 플로리다를 휩쓸고 간 허리케인 '하비'와 '어마' 역시 기후 변화 때문에 더 크고 강력한 허리케인이 되었다고 보고 있어요. 허리케인은 늘 있었지만, 그 영향력과 피해 규모가 커지면서 기후 변화가 인류의 생존에 큰 위협이라는 사실이 확인되고 있지요. 그 시작은 2005년 8월 발생한 허리케인 '카트리나'였어요. 미국의 멕시코만에 있는 뉴올리언스 지역을 덮치면서 제방이 무너지는 바람에 사망자만 해도 1,800명이 넘고, 인근의 이재민들이 110만 명이 넘었다고 해요. 뉴올리언스 인구가 138만 명에서 이듬해에 100만 명 정도까지 줄어들었다가 10년이 지난 지금에서야 125만 명 수준으로 회복되었다고 하니, 해안가의 도시가 기후 변화 때문에 더 큰 위험에 처했다는 것을 알 수 있지요.

농사지을 땅이 말라 간다고요?

1900년부터 최근까지 북위 30도 이상의 육지에선 강수량이 다소 증가했지만 최근 수십 년간 열대 지역에서의 강수량은 감소했답니다. 북미와 남미의 동부 지역, 북유럽, 북부 아시아와 중부 아시아에서는 예전보다 강수량이 증가했지만, 사하라 사막 남쪽의 사헬 지역이나 지중해, 남부 아프리카와 남부 아시아에서는 강수량이 줄어들었지요. 특히 기온이 올라가고 강수량이 줄어들면서 넓은 지역에 가뭄이 발생하고, 이 과정이 반복되면서 사막화까지 진행되고 있어요. 이렇게 가뭄이 심해지면 당연히 곡물 생산량이 줄어들 수밖에 없어서 식량 공급에 문제가 생긴답니다. 게다가 기후 변화로 병충해가 창궐하여 수확량은 더 줄게 되지요. 우리나라에서도 2016년에 강수량이 급격하게 줄어들었어요. 저수지에 저장된 물이 부족해 농사에 어려움을 겪는다는 뉴스를 들었을 거예요. 특히 충청도 지역에는 물 부족이 아주 심각해져서 식수마저 물차로 공급하는 일이 벌어지기도 했답니다.

가뭄이라면서 홍수 피해는 왜 생기나요?

우리나라의 강수량은 해마다 조금씩 증가해 왔는데, 왜 가뭄이 발생했을까요? 문제는 바로 비가 오는 날의 수는 줄어드는 반면 한 번에 내리는 비의 양은 증가했기 때문이에요. 즉 비가 한번 내리면 폭우가 될 수 있다는 거예요. 따라서 대비가 필요하겠지요.

2017년 여름에 유럽을 강타한 폭우는 파리를 비롯한 유럽의 많은 도시에 홍수 피해를 가져왔어요. 예전부터 유럽은 사계절 내내 강수량이 일정하게 유지되어 온 지역이기 때문에 갑작스러운 홍수에 대비하기가 어려웠답니다. 특히 유럽은 이런 폭우가 더 잦아지고 있다고 해요. 기후 변화가 진행되었던 지난 1980년부터 2010년 사이에 발생한 기록적인 폭우는 지구 전체적으로 봤을 때는 그 전 80년간의 기록보다 12%가 늘었는데, 같은 기간에 유럽은 31%가 늘어났어요. 그만큼 유럽이 홍수에 더 취약한 셈이죠.

　우리나라는 여름에 비가 많고 겨울에는 건조하기 때문에 댐이나 둑을 쌓아서 이러한 기후 변화에 비교적 대비를 잘하고 있어요. 하지만 예상치를 웃도는 폭우가 쏟아지면 산사태가 일어나기도 하고, 지하철 등 지하 공간이 침수되어서 피해가 커지기도 해요. 2023년 7월에는 집중 호우로 지하 차도가 침수되면서 14명이 생명을 잃었어요. 하천 제방이 부실했기 때문이에요. 서울의 우면산 주변 지역이 침수된 경험은 도시를 개발할 때에도 기후 변화를 충분히 고려해야 한다는 사실을 깨닫게 해 주었답니다. 산사태가 발생하기 쉬운 지역에는 기반 시설을 더 많이 설치하고 물이 빠져나갈 수 있는 통수 시설을 확보하는 일이 필요하겠지요.

사막이 넓어지고 있다는데…

　세계에서 가장 큰 사막은 아프리카의 사하라 사막이지요. 사하라 사막의 남쪽 지대를 사헬 지역이라 하는데, 극심한 가뭄으로 사헬 지역까지 점차 사막으로 변하고 있어요. 이렇게 사막화가 진행되는 나라가 전 세계에 100여 국이 될 정도라고 하니 사막화가 우리에게 얼마나 위협적인지 알 수 있지요. 그런데 사막과 사막화라는 용어는 조금 다르게 사용되고 있어요.

'사막'은 자연적으로 강수량보다 증발량이 많은 아열대 지역의 매우 건조한 지역을 뜻해요. 사하라 사막과 같은 곳으로 지구의 사막은 전체 육지 면적의 20% 정도예요. 반면 '사막화'란 유엔의 정의에 따르면, "무분별한 개발 등 부적절한 인간 활동 때문에 일어나는 토지의 황폐화"를 뜻해요. 약간 건조했던 지역이 기후 변화 때문에 매우 건조한 지역으로 변하기도 하지만, 80~90%의 사막화는 경작지를 개발하거나 가축을 키우면서 숲을 없애고, 지하수를 지나치게 많이 써 버려서 발생하죠. 세계에서 네 번째로 컸던 호수, 아랄해는 중앙아시아의 내륙에 있었지만, 워낙 크고 염분도 지니고 있어 바다라 불릴 정도였답니다. 카자흐스탄과 우즈베키스탄의 국경에 있는 이 호수는 구소련이 목화 재배 농지를 개간하면서 농업용수를 얻기 위해 댐을 쌓아 호수로 들어가는 물을 차단하자 강물이 줄어들어 결국 말라 버렸지요. 호수가 마르면서 인근 지역의 기후도 바뀌었어요. 여름은 더 더워지고 겨울은 더 추워졌으며, 염분이 사막 먼지와 함께 주변에 흩어져 더는 사람이 살아가기 어려운 곳이 되어 가고 있어요. 무분별한 물 사용이 불러온 대재앙이지요.

중국이나 몽골 지역의 사막화도 문제가 심각해요. 우리나라에 황사를 몰고 오는 주범이지요. 여러 보고서를 보면 중국 국토의 27% 정도가 이미 사막화를 겪고 있고, 아프리카의 3분의 2에 해당하는 지역에서도 사막화가 진행되고 있어요. 국제적으로는 사막화 방지 협약을 맺어서 많은 국제 단체가 나무나 풀을 심는 일을 추진하고 있어요. 이러한 활동은 사

막화를 방지하는 것뿐만 아니라 기후 변화를 멈추는 데에도 이바지할 수 있을 거예요.

왜 북극곰이 굶어 죽나요?

북극곰은 북극해의 얼음이 녹으면서 점차 살 곳을 잃고 있어요. 먹이가 점점 없어지기 때문이에요. 지구 온난화로 얼음이 없어지면 빙설 조류라고 하는 플랑크톤이 줄어들어요. 그러면 플랑크톤을 먹고 사는 어류가 줄고, 어류가 줄면 어류를 먹고 사는 곰이나 물개, 바다표범 등도 굶어 죽게 됩니다. 게다가 바다표범은 얼음 위에서 새끼를 낳고 키우는데 얼음이 없어진다면 어떻게 될까요. 시베리아의 곰들이 따뜻한 날씨 때문에 겨울잠을 못 이룬다는 소식도 들려와요.

극한 기후의 식물들은 어떨까요? 춥고 한랭한 고산 지대에 사는 식물들은 기온이 올라갈수록 살아남기 어려울 것이라고 해요. 아무래도 극지방이나 추운 지방, 고산이라는 특수한 환경에서만 살아가는 식물이기 때문에 더위를 피해 옮겨 갈 다른 곳이 없다 보니 피해가 큰 것이겠지요.

특수한 서식지가 아니더라도 생태계 변화는 다양한 기후대에서 발생하고 있어요. 미국 로키산맥에 서식하는 에디스 체커스팟이라는 나비는 기온보다는 적설량(눈의 양)을 기준으로 번데기에서 나오는 시간과 짝짓기 시기가 결정된답니다. 대개 5~6월에 번데기에서 나오던 나비들이 최근 로키산맥에 눈이 내리지 않으면서 4월에 서둘러 나오게 되었대요. 그런데 예정보다 일찍 세상에 나온 나비는 아직 피지도 않은 꽃을 찾아 헤매다가 굶어 죽어서 나비 사체가 산을 뒤덮었다고 해요. 짝짓기까지 실패하면서 결국 로키산맥 주위에서 이 나비는 모습을 감춰 버렸어요.

미국의 캘리포니아에 서식하는 나비들, 영국에 서식하는 나비들도 애벌레에서 나비가 되는 시기가 점점 빨라지고 있다고 해요. 우리나라도 이상 징후가 발견되었죠. 제주도에서 사라져 가던 나비 종류가 서울이나 중부 지방에서 발견되는 등 서식지를 이동해 가는 현상이 목격되었어요.

그뿐만이 아니에요. 기후 변화 때문에 소나무재선충병이 급격히 증가하면서 2013년에는 소나무 218만 그루가 죽는 일도 발생했어요. 그 뒤로도 매년 100만 그루 이상 이 병으로 우리 땅의 소나무가 죽어 갔어요. 이 균은 죽은 나무에서 그 옆의 나무로 옮겨 가기 때문에 죽은 나무를 없애야 균이 번지는 것을 막을 수 있어요. 추운 겨울에 균이 많이 죽어야 하는데, 지구가 따뜻해지면서 겨울을 잘 견뎌 내는 해충도 늘어나게 되지요. 미국 콜로라도주에서는 나무좀이라는 곤충이 춥지 않은 겨울을 살아남아 80년 이상 된 소나무, 가문비나무 등을 공격해 죽이는 일이 발생했어요.

그럼 "이렇게 무작정 당하고만 있어야 하나?" 의문이 들 거예요. 예측이 어려워서 피해는 계속 발생하겠지만, 균을 없애는 노력과 함께 다양한 나무를 심어서 피해를 줄여야 해요. 자연 숲이 가진 나무의 다양성처럼 나무를 심을 때에도 다양한 종류를 심어야 숲이 건강해질 수 있어요. 대개 한 종류의 해충은 특정한 한 생물 종을 공격하기 때문에 여러 종의 나무가 있다면 한 종은 죽더라도 다른 종은 살아남을 수가 있거든요.

산호초가 사라진다고요?

바다에 사는 조개나 굴, 홍합, 고둥, 소라 같은 어패류는 껍데기가 단단한 탄산칼슘이라는 성분으로 되어 있어요. 탄산칼슘은 탄산 이온과 칼슘이 만나서 만들어지는데, 바닷물에 이산화탄소가 늘면 화학 반응을 일으켜 탄산 이온이 아니라 탄산염이라는 물질을 만들지요. 껍데기를 만들어야 할 탄산 이온이 부족해진 어패류들이 껍데기를 잘 만들지 못하게 되고, 이 과정에서 바닷물의 **수소 이온 농도**가 높아지게 돼요. 이런 현상을 '해양 산성화'라고 한답니다.

해양 산성화는 산호초에도 영향을 주지요. 바닷물의 온도를 높이면서 산호초 조직이 하얗게 되는 백화 현상을 더 심각하게 만든답니다. 세계자연보전연맹(IUCN)은 이미 전 세계 산호초 가운데 9%에 해당하는 카리브해 산호초의 80% 이상이 사라졌다고 발표했어요. 지난 40년

> **수소 이온 농도(pH)**
> 용액 1L 속에 존재하는 수소 이온의 농도를 말해요. 보통 수소 이온 농도 지수로 나타내는데, pH를 단위로 사용합니다. 순수한 물은 pH7의 중성이며, 이보다 큰 값은 염기성, 이보다 작은 값은 산성이에요.

간 총 50개의 거대한 산호초 군락이 사라졌고, 앞으로 남아 있는 산호초 군락도 20년 이내에 사라진다고 해요. 우리 다음 세대에서는 지구 어느 바다에서도 아름다운 산호초를 볼 수 없다고 생각해 보세요. 뿐만 아니라 산호초에서 살아가는 바다 생물들은 어떻고요. 산호초쯤이야, 라며 가볍게 넘길 일은 아니랍니다.

엘니뇨 현상은 무엇인가요?

지금까지 기후 변화로 생기는 많은 문제를 살펴봤어요. 그중에서도 우리가 직접 느낄 수 있는 현상은 이상 기후가 아닐까 싶어요. 이상 기후를 일으키는 기후 현상 중에 우리가 꼭 알아야 할 것은 '엘니뇨', '라니냐', '다이폴' 이 세 가지예요.

우선, 엘니뇨란 페루 북부의 주민이 매년 성탄절 무렵 나타나는 소규모의 난류를 엘니뇨(사내아이 혹은 예수님을 지칭하는 말)라고 불렀던 것에서 비롯되었어요. 우리가 부르는 엘니뇨 현상은 태평양 중앙의 적도 부근에서부터 남미의 페루 연안에 걸친 넓은 해역에서 해수면 온도가 평년보다 1~2℃ 정도 올라가는 현상을 말해요. 평상시에 바다 밑에서 올라오던 차가운 물이 올라오지 못해서 생기는 현상이지요.

평소에는 태평양 동쪽의 해수면 온도가 올라가면서 대류 순환이 발생해 태풍이 형성되곤 하는데, 엘니뇨 현상이 나타나면 태평양의 서쪽 해수면 온도가 평년보다 2~3℃가량 높아지는 것이죠. 그 영향은 이루 말할 수 없는 기상 이변을 불러옵니다. 엘니뇨 현상이 극심했던 해는 1997년과 1998년 그리고 2015년이에요. 당시 엘리뇨 현상으로 동남아시아와 인도, 호주 북동부 지역에 심각한 가뭄이 들었어요. 인도에서는 폭염으로 3천여 명이 죽는 사태가 발생했고, 비가 와야 할 때에 비가 내리지 않아 인도와 태국, 필리핀의 쌀 생산량이 크게 줄어서 전 세계에 쌀 공급이 부족해졌지요. 우리나라도 건조한 여름이 찾아와 가뭄이 들었어요. 반면 태평양의 동쪽인 중남미 지역에서는 폭우로 홍수가 났어요. 미국 캘리포니아주는 여름이 건조해야 하는데도 폭우가 내렸고요. 남미 지역에서는 큰 물난리가 났어요. 페루 지역의 세추라 사막이 홍수 때문에 호수로 변해 버리기도 했답니다. 1997년과 1998년의 대형 엘니뇨로 2만 3천여 명이 죽고 350억 달러(약 40조 원)의 재산 피해를 냈다고 하니 바닷물의 온도 변화가 얼마나 큰 영향을 줄 수 있는지 알 만하지요. 더 큰 걱정은 이런 엘니뇨 현상이 점점 자주 찾아오고 있다는 거예요.

엘니뇨와 반대되는 현상으로 라니냐가 있어요. 엘니뇨가 해수면 온도가 상승하는 반면, 라니냐는 적도 부근의 해수면 온도가 0.5℃ 정도 떨어지는 현상을 말해요. 바다 밑의 차가운 물이 위로 올라와서 해수 온도를 낮추는 거예요. 라니냐가 발생하면 태평양 서쪽으로 불어오는 바람이 세지면서 여름에는 아시아 지역에 태풍이 자주 발생하고, 인도네시아와 필

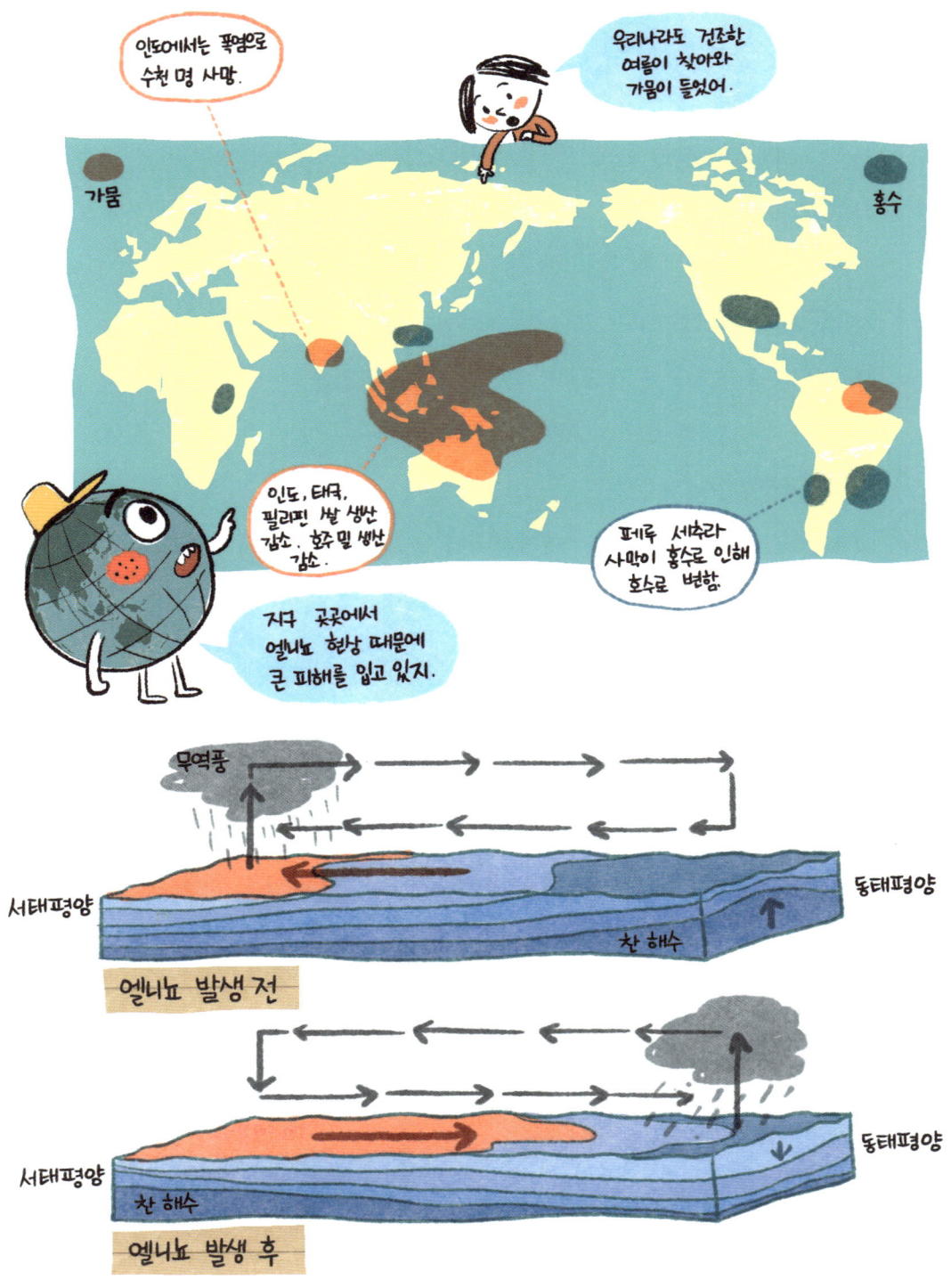

리핀과 같은 동남아시아에서는 극심한 장마가 나타나게 되지요. 반면 페루나 남미에서는 가뭄이 발생하고, 북미에서는 강추위가 발생하는 등 엘니뇨와는 반대의 현상이 나타나요. 남미 대륙과 미국 중서부의 곡창 지대에 가뭄이 들고, 동남아시아와 호주 지역에선 태풍 때문에 농작물 수확이 크게 줄어서 콩과 옥수수, 밀, 설탕, 면화, 커피 같은 작물의 가격이 폭등한답니다. 우리 일상에 직접적인 영향을 주게 되지요. 우리나라 역시 라니냐가 발생한 겨울에는 한파가 덮쳐 엘니뇨와 마찬가지로 농업에 해를 끼치고 일상생활에도 불편을 주었죠.

앞의 두 가지 기상 현상은 태평양에서 생긴 문제예요. 다이폴은 인도양에 나타나는 엘니뇨와 라니냐 현상이라고 생각하면 이해가 쉬워요. 다이폴(Dipole)이라는 이름을 보면 두 개의 극이 나타난다는 뜻이에요. 그래서 이극화라고도 해요. 즉 해수의 온도가 한쪽은 높고, 다른 한쪽은 낮게 나타나는 현상이지요. 주로 엘니뇨나 라니냐가 나타날 때 인도양에서 같이 나타나는 현상이랍니다. 인도양과 가까운 호주의 날씨에 큰 영향을 주기 때문에 호주의 밀 수확량과도 관련이 깊지요. 인도양에 다이폴이 발생하는 해에는 겨울 밀의 수확량이 평균 28.45%나 감소했어요. 다이폴이 엘니뇨보다 밀 농사에 더 치명적이라고 하네요.

우리는 어떤 피해를 입을까?

식량이 줄어든다고요?

'기후 변화의 역습'이라는 뉴스 보도를 본 적이 있나요? 뉴스에서 기후 변화의 역습이라는 말을 흔히 쓰는데요, 역습이라는 뜻은 먼저 공격을 시작했던 사람에게 공격받은 쪽에서 갑자기 반격하는 것을 말해요. 즉 인간이 온실가스를 많이 배출해 기후를 변화시켰더니, 지구의 기후 시스템은 역으로 인간 사회에 생각지 못했던 문제들을 일으킨다는 뜻이에요. 인간 사회를 향한 기후 변화의 역습에는 어떤 것들이 있을까요?

앞서 엘니뇨와 라니냐에서도 말했듯이 가장 직접적인 역습의 대상은 농업이에요. 혹시 지구 기온이 올라가면 농사에 도움이 되지 않을까요? 여름이 길어지고, 얼었던 동토층이 녹고, 농업이 가능한 면적이 늘어나니 말이에요. 하지만 농업 수확량이 정말로 늘어날까요? 실제로는 수확량에 영향을 미치는 토양의 영양 상태와 강수량도 변하기 때문에 농업이 더 잘된다는 보장은 없어요. 오히려 식량을 가장 많이 생산하는 지역에 점점 더 강한 태풍과 홍수가 찾아와 피해를 주겠죠. 주요 곡창 지대에 가뭄이 계속되어 농사를 지을 수 없게 된다면 어떻게 되겠어요.

기후 변화는 우리가 생각지도 못한 병충해를 일으키기도 해요. 고추 역병이나 탄저병, 배추 무름병 등 해충이 농사를 망치는 일이 잦아지고 있어요. 과학자들 역시 2030년부터 식량난이 심해질 것이라고 해요. 대표적인 쌀 재배국인 태국에선 홍수 때문에 쌀 수확량이 감소하고 있고, 세계적 주요 곡물인 밀도 2030년 이후에는 10년마다 2%, 옥수수 수확량은 1%씩 줄어들 것이라고 해요. 아프리카에서는 가뭄과 사막화로 농산물 생산이 급격히 감소하고 있죠. 이것 역시 큰 문제예요. 이 외에도 농부들은 그동안 심어 왔던 작물이 변화된 기후에 맞지 않아서 작물을 바꿔야 하거나, 같은 작물을 심더라도 농사법이 달라져 애를 먹게 된답니다.

농지를 늘리면 안 되나요?

농산물의 생산량이 줄어든다면 농지를 늘리면 생산량이 늘어나지 않을까요? 하지만 온실가스 배출량의 25%가 농축산물, 경작지 확대, 관개 농업, 비료, 제초제와 살충제 사용으로 발생하고 있어요. 그러니 가능하면 경작지를 늘리지 않고 이미 사용하고 있는 경작지를 활용해야 해요. 새 경작지를 만들려면 그만큼 자연을 더 파괴해야 하고, 불모지에서 경작하려면 더 많은 농약과 화학 비료를 사용해야 하니 온실가스를 줄이는 데는 전혀 도움이 되지 않아요. 하지만 농사 기술을 발전시켜서 생산량을 늘려 가는 방법은 가능하다고 해요. 흙의 건강을 지키면서 자연은 파괴하지 않는 농법을 개발하는 일이 중요하답니다.

산불이 더 많이 난다고요?

요즘은 전 세계적으로 대형 산불, 장기간에 걸친 산불이 잇따르고 있어요. 호주에서 발생한 산불은 2019년부터 8개월간 계속되었어요. 1천여 건 이상의 산불이 연속으로 발생하는 바람에 호주 전체 숲의 14%가 잿더미로 변했고, 야생 동물 10억 마리 이상이 목숨을 잃었다고 해요. 한국에서도 매년 산불이 나는데, 2025년 3월에 발생한 산불은 열흘 이상 이어지면서 수십 명의 목숨을 앗아 가고 수천 명이 집을 떠나야만 했어요. 게다가 산불 발생 수가 점점 증가하고 있어요.

그런데 이렇게 산불이 자주, 그것도 크게 나는 것이 기후 변화와 관련이 있을까요? 미국 와이오밍대학교 생태학과 존 칼더 박사 팀은 기후 변화가 산불의 발생 빈도를 높이고 산불의 규모를 키운다고 주장했어요. 즉 기후 변화로 산불이 잦아지고, 한번 발생하면 엄청나게 커져 넓은 지역으로 번진다는 말이지요. 지구 표면 온도가 오르면 산불이 잦아진다는 것은 어느 정도 알려진 사실이었지만, 구체적인 증거를 찾기는 어려웠어요. 하지만 산불로 생긴 재와 과거의 기온을 분석해 본 결과 기후 변화와 산불의 관련성을 알아낼 수 있었지요. 호주에서도 건조한 날씨 때문에 땅이 말라서 사람이 불을 내지 않았는데도 자연 발화로 대형 산불이 많이 난다고 해요.

자연적인 현상으로 발생하는 산불 외에도 인간의 실수로 발생하는 산불도 많아요. 인도네시아의 산불은 화전민들의 실수로 발생한다고 알려졌어요. 우리나라에도 옛날에는 화전 농법이 있었지만, 지금은 사라졌죠. 그러나 인도네시아에선 아직도 농사를 짓거나 팜유 나무를 심으려고 숲을 태우는 일이 종종 있답니다. 지난 2013년에 발생한 수마트라섬 일대의 산불은 팜 나무를 심고 내친김에 토지 개발까지 하려던 사람들이 고의로 불을 질렀던 것으로 밝혀졌지요. 특정한 구역만 태우려고 했겠지만 결국은 건조한 바람을 타고 이웃 나라인 말레이시아와 싱가포르의 대기까지 오염시킨 산불이 되고 말았어요. 대형 산불은 인명 피해나 재산 피해도 일으키지만 결국 국민의 건강을 해치고 이산화탄소를 증가시키는 등 기후 변화를 악화시킨답니다.

명퇴당한 명태

생태, 황태, 북어, 코다리, 노가리······. 이렇게 불리는 이름이 다르지만, 실은 한국인에게 오랫동안 사랑받아 온 생선인 명태를 가공법에 따라 다르게 부르는 이름이에요. 노가리는 새끼 명태를 말하고요. 명태는 동해에서 가장 많이 잡혔던 한류성 어종이에요. 1981년에는 한 해에 16만 톤의 명태를 잡았어요. 그런데 2008년부터는 연간 어획량이 1톤도 채 안 됐어요. 지구 온난화로 우리 바다에서 완전히 사라진 대표적인 물고기가 되었죠.

반면 2000년대 들어서 고등어와 멸치, 오징어와 같은 난류성 어종은 훨씬 더 많이 잡히기 시작했어요. 물론 무분별한 남획으로 난류성 물고기의 어획량도 줄어들고 있는 형편이지만요. 꽁치, 농어, 방어, 삼치, 숭어, 정어리 등의 난류성 물고기는 늘어났고, 명태와 쥐치 같은 한류성 어류는 대부분 사라져 버렸답니다.

우리나라 인근 바닷물의 온도가 최근 40년간 1.3℃ 높아졌기 때문이에요. 세계의 평균 해수 온도가 0.5℃ 올라가는 동안 우리는 세 배 가까이 올라간 셈이에요. 이렇게 바닷물 온도가 1℃만 올라가도 생태계는 치명적인 변화를 겪을 수밖에 없어요.

새로운 전염병이 발생한다고요?

2019년 말부터 시작된 코로나 19를 기억할 거예요. 코로나 바이러스는 인간을 위협하고, 전 세계를 멈추게 했어요. 과학자들은 기후 변화 때문에 일어날 가장 치명적인 위협이 변종 바이러스의 출현이라고 해요. 코로나와 메르스 같은 새로운 바이러스가 창궐하면 인간의 생명을 해치는 것은 물론이고, 경제, 정치, 문화 등 인류의 문명에 심각한 타격을 줄 수 있어요. 상상해 보세요. 전염병 때문에 학교도 갈 수 없고, 공연도 취소되고, 대형 마트도 문을 닫고, 직장이 폐쇄된다면, 과연 어떻게 될까요.

메르스 바이러스는 중동호흡기증후군이라고 부르는데, 2012년 사우디아라비아에서 처음 발견되었죠. 처음에는 중동 지역에서 집중적으로 발생했지만, 결국 전 세계로 번지고 말았어요. 이 외에도 기후 변화 때문에 세균성 병들이 많이 발생할 수 있어요. 기온이 올라갈수록, 강수량이 증가할수록, 습도가 높아질수록 장출혈성 대장균과 비브리오 패혈증 발생이 증가한다는 연구 결과도 있으니까요. 특히 이러한 세균은 성인에 비해 면역력이 약한 어린이에게 더 위험하답니다. 지구 온난화로 대장균도 변종이 생길 수 있다고 하니, 여태 우리가 경험하지 못한 질병이 기후 변화가 심해질수록 기승을 부릴 거예요.

얼마 전에는 시베리아의 영구 동토층이 녹으면서 탄저병이 돌기도 했어요. 탄저병으로 죽었던 사슴들이 이곳 영구 동토층에 냉동 상태로 묻혀 있다가 지구 온난화로 땅이 녹으면서 사체가 녹고 이 녹은 사체에서 병균이 살아 나왔기 때문이에요. 우리나라를 휩쓸었던 구제역이나 조류독감(AI)이 점점 더 기승을 부리는 것도 공장식 축산에 기후 변화가 더해졌기 때문이랍니다. 한번 병이 돌 때마다 수백만 마리의 가축을 생매장하고 있는 현실은 눈 뜨고 볼 수 없는 지경이에요. 이렇듯 기후 변화는 우리가 무엇을 상상하든 그 이상으로 인류의 생존을 위협하게 될 거예요.

기후 변화가 전쟁을 일으킨다고요?

기후 변화가 생태계를 교란시켜 식량 생산에 막대한 피해를 준다는 점, 이제 잘 알았을 거예요. 그런데 식량 부족은 단순한 문제로 끝나지 않아요. 굶어 죽는 사람들이 생겨나면 곳곳에서 범죄가 일어나겠죠. 그러다가 국가 차원의 식량난이 발생하면 테러와 전쟁이 일어날 수 있어요. 2007년 미국의 CIA와 독일 연방 정부 산하 지구환경변화위원회는 공식적으로 "기후 정책은 곧 안보 정책"이라고 선언했어요. 실제로 동남아시아의 주요 쌀 생산지인 메콩 삼각주 지역은 2070년경 해수면이 30cm 이상 상승하면 이 지역의 60%가 침수된다고 해요. 이 지역에 사는 100만 명 이상의 사람들이 집과 땅을 잃는 것도 큰 문제지만, 이곳에서 쌀이 생산되지 않으면 세계적으로 심각한 식량 위기가 찾아올 거예요.

소말리아와 에티오피아 같은 아프리카 나라도 무더위와 사막화로 식량 생산이 줄고 영양실조까지 발생해 빈곤 문제가 더욱 심해지고 있어요. 이렇게 농업 국가들이 물 부족과 자연재해로 식량을 제대로 생산하지 못하면 전 세계의 식량 가격이 높아지는 건 당연해요.

　현재의 지구촌은 거대한 공동체여서, 곡물이 많이 나는 나라가 곡물이 모자란 나라에 팔아 서로 공생하며 의존하는 관계예요. 그런데 자연재해로 곡물 생산량이 갑자기 줄거나 경작지가 사라져 버리면, 곡물 수출국은 문을 닫아 버릴 거예요. 그럼 곡물을 사다 먹던 나라의 국민은 굶어 죽을 수밖에 없어요. 그리고 식량을 구한다는 명목으로 이웃 나라를 침략하는 전쟁이 세계 곳곳에서 일어나도 이상할 게 없겠죠.

조류독감(AI)이 뭐예요?

닭, 오리, 야생 조류에서 조류인플루엔자 바이러스(Avian influenza virus)의 감염으로 발생하는 급성 전염병을 말해요. 주로 조류가 감염되지만, 2003년 말부터 2008년 2월까지 유행했던 고병원성 바이러스는 사람에게 전염되어 수많은 사망자를 나았어요. 조류독감은 계속 바이러스 변이를 일으켜 재발하고 있어서 많은 주의와 대책이 필요해요. 과학자들은 이런 질병의 발생이 지구 온난화와 밀접하게 관련이 있다고 합니다.

이산화탄소를 안 만들 수는 없나요?

아침에 일어나 정수기에서 맑은 냉수를 받아 마시고, 텔레비전으로 아침 뉴스를 보고, 토스터에 구운 식빵에 버터를 발라 냉장고에서 꺼낸 신선한 우유와 맛있게 먹은 뒤, 밤새 충전된 스마트폰을 들고 학교로 걸음을 재촉합니다. 신호등의 초록 불을 기다렸다가 길을 건너고, 교통 카드를 단말기에 대고 버스와 지하철을 타죠. 엘리베이터는 버튼만 누르면 높은 빌딩 꼭대기까지 옮겨 주고 학교에선 냉난방기가 추위와 더위를 막아 주어 열심히 공부할 수 있게 해 줍니다.

우리가 매일 마주하는 도시의 생활이죠? 과연 단 몇 시간이라도 전기 없이 살 수 있을까요? 아마 하루도 못 견딜지 몰라요. 냉장고의 음식은

다 썩고 가족이나 친구와 연락도 할 수 없으며 지하철이 못 다니니 매우 불편하겠지요. 밤에는 어두워서 아무것도 할 수 없고 깨끗한 물도 마실 수 없겠죠? 그만큼 우리의 일상생활은 전기 없이는 거의 불가능해졌어요.

인간의 삶을 윤택하게 만드는 데에는 에너지가 꼭 필요해요. 누구든지 깨끗한 물을 마실 수 있고, 씻을 수 있고, 문명인의 생활을 누릴 수 있어야 해요. 그렇게 살려면 더 많은 발전소를 짓고 더 많은 전기를 만들어야 하지요. 그리고 기후 변화를 불러오는 이산화탄소를 더 많이 배출하게 되겠죠.

현대 사회는 그동안 인간이나 가축이 힘을 들여 해야 할 일을 기계가 대신하는 방향으로 발전해 왔어요. 물건도 공장의 기계가 만들고 밭은 소 대신 트랙터가 갈지요. 빨래는 세탁기가 하고 밥도 전기밥솥이 지어요. 하지만 이것이 반드시 환경에 나쁜 영향을 주는 것만은 아니에요. 인간은 노동에 들일 시간에서 풀려나 창의적인 일에 투자할 기회를 얻었고, 과학과 문명을 그만큼 더 빨리 발전시킬 수 있게 되었어요. 과학 기술은 환경을 파괴만 한 것이 아니라, 물과 토양을 깨끗하게 하고 에너지를 덜 사용하는 방법도 생각해 냈어요. 그러니까 많은 사람이 기후 변화의 심각성을 받아들이고 이를 고쳐 나가는 데 동의한다면, 과학 기술은 점점 더 그쪽으로 발전하게 될 거예요. 그러려면 많은 나라의 정치인과 기업인 들의 생각이 바뀌어야 하고, 그것을 바꾸는 것은 바로 여러분의 생각이 바뀌는 것에서부터 시작되겠지요. 여러분 한 사람 한 사람의 생각이 바뀌고, 작은 실천이 모이면 세상은 금방 바뀔 수가 있거든요.

전기는 우리가 그것을 어떻게 쓰느냐에 따라서 좋게 쓰일 수도 있고 나쁘게 쓰일 수도 있어요. 그렇다면 우리의 작은 실천으로 어떻게 기후 변화를 막을 수 있을까요?

착한 전기라고요?

전기를 발명한 뒤 인간의 삶은 매우 윤택해졌어요. 하지만 우리가 사용하는 전기를 만들려면 화석 연료를 태우는 경우가 많아요. 화석 연료를 태우면 대기에 이산화탄소를 배출하는 것뿐만 아니라, 여러 가지 문제가 생겨요. 거대한 발전소를 지어야 하는데, 주변에 크고 작은 피해를 주게 되죠. 게다가 산을 깎아 송전탑도 세워야 해요. 발전소의 냉각수 때문에 바다의 양식장이 피해를 보았다는 뉴스를 본 적이 있을 거예요. 몇 해 전에는 경상남도 밀양에서 주민들이 송전탑 건설에 반대하면서 크게 사회 문제가 된 적도 있어요. 그러니 전기를 생산하는 과정에서 생겨나는 어려움을 우리가 이해하고, 전기를 낭비하지 않도록 노력해야 해요.

우리는 남에게 피해를 주지 않고 생산하는 전기, 공기를 덜 오염시키고 생태계를 건강하게 유지하면서 특정 지역과 그곳에 사는 사람들만 피해 보는 일이 없도록 하는 전기, 바로 이런 전기를 '착한 전기'라고 해요.

무엇보다 재생 가능한 자원을 이용해 전기를 만든다면 가장 좋을 거예요. 당장 모든 발전소를 바꿀 수는 없지만, 우리가 할 수 있는 일은 있어요. 전기를 사용하는 착한 방법을 생각해 보는 거예요. 무엇이 있을까요? 맞아요. 에너지 효율이 높은 제품을 사용하고 평소에 전기를 절약하는 습관을 들여야 해요. 전기를 사용하는 제품에 붙어 있는 '에너지 효율 스티커'를 보면 착한 제품인지 안 착한 제품인지 알 수 있어요. 이 스티커로 이산화탄소 배출량도 확인할 수 있어요. 전기 절약법은 이미 알고 있듯이 평소에 쓰지 않는 등은 꺼 놓고, 실내 온도를 적정하게 유지하는 습관을 들이면 돼요. 그 밖에도 어떤 방법이 있을지 여러분이 한번 생각해 봐요.

화석 연료를 안 쓰면 안 되나요?

화석 연료는 우리 생활과 아주 밀접하게 연관되어 있어요. 전기를 생산하는 발전소 중 석탄이나 석유, 천연가스와 같은 화석 연료를 쓰는 곳이 전체 발전소의 70%에 달해요. 재생 에너지로 생산되는 전기는 3~4% 정도밖에 안 되는 수준이에요. 그러니 화석 연료를 하루아침에 끊을 수는 없어요. 대체 에너지가 충분히 마련될 때까지 화석 연료를 조금씩 줄여가야겠지요. 최근에는 전기차와 수소차가 등장하는 등 조금씩 변화가 감지되고 있어요. 오랜 시간이 걸리겠지만, 많은 나라에서 미세 먼지를 발생시키지 않고 기후 변화의 영향에 대비한 재생 에너지로의 전환을 준비하는 중이랍니다.

재생 에너지가 뭐예요?

화석 연료와 달리 햇빛이나 바람처럼 자원의 고갈 없이 공급되는 에너지원으로 생산되는 전기나 열을 '재생 가능한 에너지', 짧게는 '재생 에너지'라고 불러요. '신재생 에너지'는 새로운 에너지와 재생 가능 에너지 두 가지를 한꺼번에 부르는 말이에요. 폐기물이나 **바이오매스***를 태워서 나오는 에너지, 수소 전지와 같은 에너지원을 모두 포함하지요. 국제 사회에서는 재생 에너지만 이야기하지만, 우리나라에서는 기존의 재생 가능 에너지에 새로운 에너지원이라는 의미를 덧붙여 신재생 에너지라는 말을 쓰기로 했어요. 그러나 국제적으로는 '재생 에너지'로 쓰는 게 일반적이랍니다.

물의 낙차를 이용한 수력 발전이나 조력이나 파력과 같은 해양의 자원을 이용하는 에너지도 모두 재생 에너지에 포함돼요. 하지만 최

> **바이오매스**
> 생물 연료라고도 합니다. 곡물의 줄기, 부러진 나뭇가지, 동물의 배설물, 음식물 찌꺼기처럼 생태계 순환 과정에서 나오는 모든 유기체를 연료로 사용하는 것을 말해요. 대표적인 바이오매스로는 나무껍질이나 톱밥, 나뭇조각을 압축해 만든 목재 펠릿이 있습니다.

근에는 댐이 갖는 생태적, 사회적 문제점과 강수량이 크게 변하면서 댐을 피하는 경향이 있어요. 우리나라 전기의 총발전량 중에서 신재생 에너지가 차지하는 비율은 7% 정도랍니다. 그중 순수한 재생 에너지는 태양광, 태양열, 풍력, 조력, 파력에서 나오는 에너지를 다 합해도 2%밖에(2016년 기준) 되지 않지요.

태양광과 태양열은 어떻게 다르죠?

주택가를 지나가다 보면 지붕에 올려진 태양광 판을 볼 수 있어요. 태양광 발전기는 태양광 판에 붙어 있는 태양 전지에 햇빛이 닿으면 자유 전자가 튀어나오는 광전 효과가 일어나 전기가 만들어지는 원리로 작동해요. 태양열로도 전기를 만들 수 있어요. 태양열로 물을 끓여 그 증기로 터빈을 돌려 전기를 만드는 방법이지요. 거대하고 복잡한 장비가 있어야 해서 일반 주택에서는 거의 사용하지 않아요. 오히려 주택에서는 집열기로 열을 모아 물을 데워 온수를 공급하는 데에 쓰지요.

태양 에너지는 아주 착한 재생 에너지인데 왜 많은 사람이 사용하지 않을까요? 바로 비용 때문이에요. 태양 전지의 재료인 실리콘(반도체)은 아주 비싸서 화력 발전소에서 전력을 생산할 때보다 전기 생산 가격이 높아지거든요. 그러나 최근에는 태양광 발전기의 효율도 높아지고, 실리콘

외에 다른 원료를 이용한 태양 전지도 개발되고 있어요. 앞으로 더 효율적이고 값싼 태양광 발전 기술이 계속해서 등장하겠지요.

태양광 다음으로 많이 활용하는 재생 에너지는 풍력이에요. 풍력은 프로펠러 같은 회전 날개가 돌아가면서 전기를 생산하는 에너지랍니다. 바람이 많이 부는 산이나 바닷가에 가면 풍력 발전기를 볼 수 있어요. 특히 바다에 만드는 풍력 발전기는 소음 문제를 덜 일으키기 때문에 선호하는 장소랍니다.

바다의 조력 에너지나 파력 에너지로도 전기를 만들 수 있어요. 주택에서는 지열도 많이 사용하고요. 지열의 원리는 지구에 도달한 태양의 복사열이나 지구 내부의 마그마 열로 데워진 지하수와 토양, 암석의 열을 끌어 올려 냉난방에 사용하거나 전력을 생산하는 것이지요. 얼마나 깊이 파야 지열을 이용할 수 있을까요? 주택의 난방에 사용되는 지열은 300m 이내에서도 얻을 수 있지만, 더 큰 전력을 생산하려면 수 킬로미터를 파서 나오는 고온 수를 이용하기도 해요. 비화산 지대에 있는 나라들은 깊은 곳에 파이프를 넣고 뜨거운 물을 열 교환기까지 끌어 올려서 발전기를 돌리게 되지요. 이렇게 끌어 올린 지하수는 열 교환기에 열을 주고 다시 아래로 내려가 데워지게 되니 자원을 소모하지 않고 계속해서 에너지를 공급해 주는 재생 에너지라고 할 수 있어요.

핵 발전소는 이산화탄소를 내뿜지 않는다는데…

　핵 발전은 화석 연료 대신 원자 내부의 핵을 분열시켜서 얻는 열에너지를 이용한 전력 발전 방식이에요. 물질을 이루는 가장 작은 단위인 원자 안에는 핵이 있는데, 안정된 핵을 깨뜨리면 강한 에너지가 발생하게 되지요. 우리나라에서는 핵이라는 말이 핵폭탄과 같이 부정적인 느낌을 줄까 봐 원자력이라는 말을 사용하고 있지만, 다른 나라에서는 정확한 표현을 위해서 핵 발전이라는 말을 사용하고 있답니다.

　그럼 화석 연료를 대체하는 핵 발전은 기후 변화에 영향을 안 줄까요? 아니에요. 핵 발전소를 건설하고 원료를 추출하는 데 상당히 많은 이산화탄소가 배출돼요. 우라늄을 채굴하고 제련한 뒤 농축하는 단계에서 이산화탄소가 배출되고, 시멘트로 발전소를 짓는 과정에서, 그리고 연료와 핵 폐기물을 처리하는 단계에서도 이산화탄소를 배출하게 되지요. 핵 발전소가 석탄이나 석유 화력 발전소보다 이산화탄소를 적게 배출하기는 하지만 재생 에너지보다는 더 많은 양의 탄소를 배출하고 있어요. 따라서 핵 발전소가 청정하다는 표현은 맞지 않아요. 게다가 후쿠시마 핵 발전소 사고와 같은 대규모 재앙이 일어날 수 있기에 많은 사람이 반대하고 있지요.

　2011년 3월 11일 일본 후쿠시마 지역을 강타한 지진과 해일(쓰나미) 얘기를 들어 본 적 있을 거예요. 해일이 덮치면서 후쿠시마 핵 발전소의 원자로가 폭발하는 사고가 일어났지요. 엄청난 양의 방사능이 누출되어 바닷물과 대기를 타고 사방을 오염시켰어요. 원자로에서 핵분열을 할 때 굉장히 높은 열이 발생하고 이를 식히려면 많은 양의 냉각수가 필요해요. 그래서 대부분의 핵 발전소는 바닷가에 지어요. 그러다 보니 해일이라든가 자연재해에 노출되는 경우가 많아요. 우리나라도 핵 발전소가 모두 바닷가에 있어요. 우리나라는 얼마 전만 해도 지진 발생 빈도가 적었기 때문에 안전하다고 생각했어요. 그러나 몇 년 전의 경주 지진과 최근의 포항 지진을 보면 우리나라가 지진 안전지대라고 보기는 힘들어요.

게다가 단 한 번의 사고로도 그 피해는 몇 세대로 이어지고 있어요. 1986년 구소련(현재의 우크라이나)에서 발생한 체르노빌 핵 발전소 사고로 엄청난 양의 방사능이 유출되었고, 그 피해는 기형아 출산 등 인간과 생태계 모두 몇 세대에 걸쳐 계속되고 있지요.

핵 발전소는 강력한 자연재해에 안전하지 않답니다. 기후 변화로 얼마나 더 큰 자연재해가 닥쳐올지 모르니 더 위험한 것이지요. 핵 물질의 유출은 절대 일어나면 안 되는 사고예요. 이러한 끔찍한 사고를 100% 막을 수 없다면, 안전한 선택을 해야만 해요. 내 눈앞의 편리함보다는 안전하고 평화로운 지구를 만드는 일이 더 중요하지 않을까요?

체르노빌 핵 발전소 폭발 사건 이후 출입 금지 구역이 되어 지금은 유령 도시가 된 프리피야티 모습이다._© Carl Montgomery

기후 변화를 해결할 정답은?

일기 예보를 보면 가끔 날씨를 잘못 예측할 때도 있잖아요. 내일 날씨도 예측하기 어려운데 어떻게 2100년까지의 기후를 예측할 수 있을까요? 하루하루의 예보보다 어떤 면에서는 장기적인 예측이 오히려 쉬울 수도 있어요. 이를테면 내가 신이 아닌 이상 몇 살까지 살지는 알기 어렵지요. 하지만 내 또래가 몇 살까지 살 것인지, 국민의 평균 수명이 얼마나 될지 예측할 수는 있어요. 일기 예보는 시시각각 들어오는 기상 정보를 바탕으로 슈퍼컴퓨터를 통해 각각의 자료가 서로 어떤 영향을 주고받는지 분석해 내일 혹은 며칠간의 날씨를 구체적으로 예측하게 되지요. 하지만 기후는 장기적인 평균값을 사용하기 때문에 오히려 예측이 가능한 편이랍니다. 인구 증가와 산업화 등 인간의 온실가스 배출이 늘수록 기온이 일정 정도 올라간다는 예측이 가능하지요. 물론 정확한 예측은 어렵지만, 산업 활동에 따른 온실가스의 배출량, 인구 증가, 기술 발전 등을 종합해 분석하면 근사치에 가까운 답을 얻을 수 있답니다.

그래서 우리는 2100년의 기온이나 기상 상태를 예측해 볼 수 있어요. 하지만 기후 시스템은 다양한 요소들이 얽혀 있어 하나의 정답만 있다고 말할 수는 없어요. 아직 과학적으로도 정확하게 파악하지 못한 인과 관계(원인과 결과)들이 있기 때문이에요. 이런 것을 '불확실성의 문제'라고 불러요.

2100년, 아직 멀었잖아요!

그러면 이렇게 질문할 수 있겠죠. "불확실성의 문제가 있는데도 우리가 지금 당장 뭔가를 해야 하나요?" 또 "21세기가 시작된 지 얼마 되지 않은 것 같은데, 21세기 말에나 일어날 일을 너무 일찍 행동으로 옮기는 것 아닐까요?" "일단 경제가 발전해야 환경도 돌보고 기술도 개발할 수 있고, 그래야 기후 변화도 줄일 수 있을 텐데……."

과연 그럴까요? 다음의 이야기를 한번 생각해 봐요. 새로 만든 공원 연못에 수련을 심었어요. 30일이 지나면 공원을 개장해야 하죠. 정원사는

30일째가 되면 연못에 연잎이 가득 차도록 가꾸기 시작했어요. 그래서 연잎이 하루에 두 배씩 증가하도록 준비했답니다. 첫날 하나였던 연잎이 이튿날이 되면 2개가 되고, 다음 날엔 4개, 그다음 날엔 8개, 또 그다음 날엔 16개. 이렇게 해서 수련 잎이 연못을 가득 채우는 날이 30일째가 되는 날이라고 했을 때, 29일째 연못의 모습은 어떨까요? 연못에는 연잎이 반밖에 차 있지 않겠지요. "이 연못을 채우려면 아직 한참을 기다려야겠군." 아마도 공원 개장을 준비하던 사람들은 걱정이 앞서서 정원사를 비난할지도 몰라요.

하지만 여러분과 정원사가 다 아는 사실, 바로 다음 날이면 연못이 온통 연잎으로 가득 차 버린다는 것을 다른 사람들은 생각하지 못하는 거죠. 우리가 지금 겪고 있는 환경 문제나 인구 문제도 마찬가지예요. 우리가 '아직은 괜찮겠지', '아직 반이나 남았는데' 하고 생각하고 있을 때는 이미 너무 늦어 버린 것일 수 있어요.

기후 변화, 이제 어쩔 수 없는 현상이잖아요

너무 먼 이야기라고 생각하는 사람들만큼이나 위험한 것은 우리가 어쩔 수 없는 상황이라고 포기하는 거예요. 대다수 과학자가 기후 변화를 걱정할 때, 일부 과학자나 몇몇 정부, 일부 석유 관련 기업 사람들은 마치

"기후 변화가 일부 환경론자들이 사람들을 불안하게 하는 말일 뿐이다. 실제로는 그런 일이 일어나지 않는다."고 주장했지요. 하지만 이들은 화석 연료 생산 및 유통과 관련된 일을 하며 막대한 이익을 얻었던 사람들로 밝혀졌죠. 지금은 기후 변화를 인정하기는 하지만, 그렇다고 인간 사회가 이것을 막을 수 있겠느냐는 회의론자가 되었대요. 우리가 아끼고 번거롭고 불편하게 살아 봤자 바뀌는 것은 없다는 식의 주장을 펴고 있어요. 앨 고어 전 미국 부통령은 이런 사람들에게 그런 부정적 논리는 우리에게 아무 도움이 되지 않는다고 강력하게 말했어요. 가만히 아무것도 하지 않는 것보다는 지금 당장 내가 할 수 있는 일을 실천하는 것이 훨씬 더 중요하고 기후 변화를 막을 수 있는 일이라고 강조했죠.

곰곰이 생각해 보면 인간의 활동이 기후 변화를 발생시켰으니, 인간들만이 해결할 수 있는 것 아닐까요? 결자해지(結者解之)! 기후 변화, 우리가 저지른 일이니 우리가 해결해야만 합니다. 과학자들이 지구 평균 기온이 2℃ 이상 오르지 않도록 해야 한다고 경고하는 이유는 2℃가 넘어가면 인간이 고치려고 해도 고치기 어려운 부분이 발생하기 때문이에요. 그러니 너무 늦기 전에 당장 실천해야 합니다.

그런데 왜 나만 해야 하나요?

　장바구니를 가지고 다니는 것도 힘들고, 재활용품을 분리 수거하는 일도 쉽지 않아요. 자동차로 가면 금방 갈 수 있는 거리를 걸어서 다니려니 힘도 들지요. 그러다 보면 '왜 나만 이렇게 해야 하지?' 하는 생각이 불쑥 들곤 해요. 그러나 나만이 아니라 내가 하면 다른 사람들도 변화시킬 수 있어요. 가까운 곳에서 한번 찾아볼까요?

　옆집 승우는 어려서 아토피 피부염을 앓았어요. 그래서 승우 엄마는 생활 협동조합(생협)에서 판매하는 유기농 제품을 이용했어요. 호르몬제, 농약, 화학 비료, 인공 색소 등을 사용한 먹거리는 가능하면 먹지 않았어요. 아토피 때문에 시작된 일이었지만 생협 매장을 이용하다 보니 공정거래 제품을 사는 것이 건강에도 좋고 농민도 돕는 방법임을 깨달았죠. 좋은 먹거리를 사러 다니면서 자동차를 타고 다니는 것보다 걸어가거나 자전거를 타는 날이 더 늘었어요. 그러다 보니 건강도 좋아졌고요. 물론 돈도 아낄 수 있어서 1석 3조라는 말을 이해할 수 있게 되었답니다.

　장보기 하나가 달라지면 생활이 달라질 수 있듯 사람들은 자신의 한 가지 선택 때문에 다른 선택이나 행동이 바뀌기도 해요. 나아가 타인의 행동에도 영향을 줄 수 있어요. 사람들은 모두 제각각 원하는 것도 다르고, 좋아하는 것도 달라요. 누구에게 한 가지를 강요할 수는 없지만 한 사회의 구성원이라면 누구나 이해할 수 있고, 공감할 수 있는 부분이 있기 마

련이죠. 버려진 비닐이 단기간에 썩지 않는다는 것은 삼척동자도 알아요. 그렇다고 비닐을 쓰지 않거나 분리 수거함에 넣는 행동으로 바로 이어지지는 않아요. 하지만 옆 사람이 쓰레기를 줍고 있는데 그 앞에 함부로 쓰레기를 버릴 수 있는 사람은 거의 없을 거예요. 이렇듯 우리 행동은 다른 사람들에게 작든 크든 영향을 주게 된답니다.

왜 나 혼자만 하냐는 불만보다는 내 작은 행동이 내 주변 사람을 변화시킬 수 있다는 긍정적 에너지를 가져 봐요. 어쩌면 나비 효과와 같이 나의 작은 행동이 세상을 바꿀 커다란 힘이 될지도 모르잖아요!

나비 효과

1961년 미국의 한 기상학자가 기온, 기압, 풍속 등의 수치로 12개의 방정식을 만들어 컴퓨터로 바람의 경로를 연구했어요. 한 번 데이터를 뽑은 뒤에, 다시 한번 인쇄할 목적으로 0.506127이라는 수치가 너무 길어서 0.506이라고 입력했대요. 겨우 10,000분의 1이라는 작은 수였지요. 그런데 그 수로 바람의 경로가 완전히 바뀌어 버렸어요. 그 바람의 경로가 꼭 나비가 날갯짓하는 모양이었대요. 그래서 초기의 아주 미묘한 차이가 전혀 엉뚱한 결과를 가져오는 현상을 '나비 효과'라고 부르기 시작했어요. 요즘은 '베이징의 나비가 날갯짓하면 샌프란시스코에서 폭풍이 친다.'는 이야기로 더 잘 알려졌죠. 기후 변화와 같이 아주 복잡하게 얽힌 구조일수록 누군가의 작은 변화가 큰 결과를 가져올 수 있답니다.

그럼, 이제부터 어떻게 해야 하나요?

우리는 인간이 기후에 미친 영향과 기후 변화가 다시 인간 활동에 어떤 영향을 주고 있는지 알게 되었어요. 앞으로 지구의 기온이 더 올라가면 우리가 현재 겪고 있는 기상 이변과는 비교되지 않을 만큼 더 큰 재해가 발생할 수 있어요. 지구의 한쪽에선 폭우와 홍수가 발생하는데 다른 한쪽에선 무더위와 가뭄이 발생하는 등 피해가 속출할 테니까요. 우리는 이런 일이 발생하지 않도록 모두가 온실가스를 줄이는 일에 힘을 모아야 해요.

경제 성장도 개발에만 치우칠 것이 아니라 지속 가능한 친환경적 발전으로 바뀌어야 하고, 재생 에너지의 사용 비율을 지금보다도 훨씬 더 높여야만 합니다. 그러려면 우리가 세계를 보는 관점이나 가치관도 바뀌어야겠죠? 편리함보다는 지구를 생각하는 마음, 그것이 가장 중요한 변화의 시작이랍니다.

공룡에게 물어봐!

<한반도의 공룡>이라는 영상을 봤어요. 특히 초식 공룡들은 덩치가 워낙 커서 닥치는 대로 먹어 치웠죠.

그래서 공룡들은 먹이를 찾아 이동하며 숲을 다 없앴다고 하니, 인간과 별다르지 않다는 생각이 들었어요.

우리도 '개발'을 앞세워 공룡처럼 숲을 없애고 산을 망가뜨리니까요.

그래서 문득 인간이 만들었다는 기후 변화가 공룡 시대에도 있지 않았을까 하는 생각이 들었어요.

공룡 시대로 돌아가 볼 수 있다면 많은 궁금증이 풀릴 텐데. 공룡이 멸종되었을 때 기후는 어땠을까요? 공룡이 만들어 낸 이산화탄소와 메탄은 지구의 온도를 얼마나 높였을까요?

유성 충돌로 기후가 급변해 공룡이 사라졌다는 이야기가 정말일까요?

기후 변화와 공룡의 멸종을 함께 생각해 보았다니 대단해요. 실제로 최근 연구에서 공룡이 살았던 중생대의 마지막인 백악기에는 기후 변화가 크게 있었다고도 하네요. 초기 백악기엔 온대 기후의 산에 눈이 내릴 정도로 추웠다가 백악기 후반에는 바닷물 온도가 사람의 체온만큼이나 높았던 것으로 추정된대요. 남극 대륙에서 공룡 화석이 발견되기도 하고 알래스카나 그린란드에서 식물 화석이 나왔으니, 그곳의 기후가 무척 따뜻했다는 말이겠지요. 하지만 그 이유가 공룡들의 활동이라기보다는 외부의 영향이 컸을 것이라는 이론이 더 우세하답니다. 거대한 유성의 충돌로 먼지가 대기에 퍼지면서 햇빛이 들어오지 못해 식물이 자라지 못했던 시기에는 기온이 떨어졌고, 화산 활동이 활발했던 시기에는 기온이 올라갔을 뿐만 아니라 이산화탄소 배출로 해양 산성화가 심해졌다는 사실이 해양 생물의 화석 연구로 밝혀지고 있어요. 요즘에도 증가한 이산화탄소가 해양의 산성화를 빠르게 진행시키고 있어요. 기후 변화가 극심해져 공룡과 같은 운명이 되지 않도록 함께 노력해요.

제3장

우리 가족
환경시계

인간은 누구나 아기로 태어나서 자라면 성인이 되고, 더 늙어서는 죽음을 맞이하게 되지요. 태양이 수억 년 동안 제 연료를 다 태우면, 지구도 수명을 다하고 소멸할 거예요. 그건 너무 먼 미래의 이야기라고요? 그러나 지금처럼 인류가 지구를 마구 다룬다면 지구는 몇만 년, 아니 몇천 년 안에 멸망할지도 몰라요. 지구의 환경시계는 돌이킬 수 없는 종착역을 향해 빠르게 흘러가고 있어요. 그럼 우리가 지구 환경시계를 아주 느리게 혹은 거꾸로 움직이게 할 방법은 뭘까요? 나부터 환경시계를 바꿀 수 있다면! 이번에는 우리 가족이 환경시계를 늦출 여러 방법을 알아보기로 해요.

신나는 여름 방학, 가족 여행을 떠나자!

올해도 어김없이 여름 방학이 찾아왔어요. 지석이네 가족은 방학이면 해마다 같은 장소로 캠핑을 갔어요. 불만이 쌓일 만도 하죠. 그럼 어디가 좋을까요? 산? 강? 바다? 누군가가 좋은 장소를 추천해 준다면 얼마나 편할까요. 이 가족의 고민을 한번 들어 봐요?

아빠, 엄마! 올여름 가족 여행은 '지구 사랑 실천 여행'으로 결정했어요!

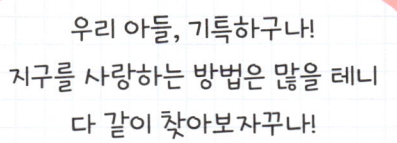
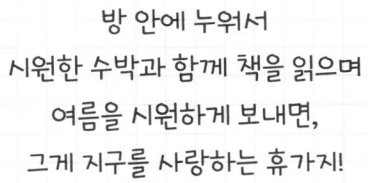
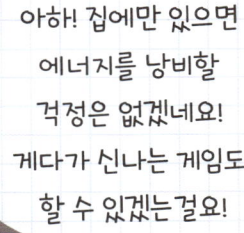

게임도 이산화탄소를 배출해요

그럼 지석이 말대로 게임만 하면 우리는 지구의 자원을 하나도 사용하지 않는 것일까요? 전자 게임을 하면 무척 즐거울지 모르겠지만, 지구를 사랑하는 휴가로만 보기는 어려워요. 게임기는 생각보다 전기를 많이 써야 하기 때문이에요.

컴퓨터 게임 중에서도 온라인에 연결해서 여럿이 게임을 하면 무척 신나고 재미있어요. 그러나 이러한 온라인 게임은 네트워크 회사나 게임 회사에 마련되어 있는 컴퓨터 시스템을 이용해야 해요. 큰 용량의 컴퓨터 시스템이 하루 종일 작동하려면 엄청난 열이 발생하고, 이 열을 식히기 위해 선풍기 같은 팬을 계속 돌려 줘야 하지요. 물론 컴퓨터나 스마트폰을 사용할 때도 전기가 필요하지만, 게임 회사에서 대용량 컴퓨터 시스템을 운영하는 데 필요한 전기는 상상을 초월한답니다.

온라인상에서 서로를 연결해 주는 대용량 컴퓨터 시스템을 서버라고 해요. 서버는 한국에 있기도 하지만 더러는 러시아, 중국, 일본, 미국 등 다양한 나라에 있기도 해요. 우리가 보내는 전자 신호가 그 많은 나라를 여행하고 돌아오는 데 몇 초도 걸리지 않는다는 게 정말 신기하지요? 미국의 데이터 센터가 2014년 한 해에 사용하는 전기가 70억 킬로와트시(kWh)를 넘었고, 최근 자료에서는 이들의 전기 소비량이 미국 전체 전기 소비량의 2% 정도를 차지한다고 해요. 이것은 미국 640만 가구가 1년간 사용하는 전기 소비량과 맞먹는 양이에요! 그래서 구글이라는 회사는 2017년부터 회사에서 사용하는 모든 전력을 태양광과 풍력에 의존하겠다는 계획을 발표했어요. 애플이나 페이스북 같은 기업들은 이미 이에 동참하고 있지요. 구글은 우리가 즐겨 보는 유튜브도 운영하고 있어서 세계 여러 곳에 데이터 센터를 두고 있어요. 전 세계의 구글 데이터 센터에서 사용하는 전력을 모두 재생 에너지로 공급하게 된다면, 지구 환경시계를 조금은 늦출 수 있겠지요?

지구 온난화로 대형 산불이 잦아지고 있어요

울울창창 푸른 산으로 여행을 떠나 볼까요? 실제로 우리나라는 국토의 약 64%가 산이에요. 산의 면적이 지난 수십 년간 조금씩 줄어들긴 했지만, 나무를 계속 심었기 때문에 나무의 양은 오히려 늘어났어요. 우리나라는 세계적으로 산림을 보전하고 만들어 가는 데에 성공한 몇 안 되는 나라예요. 하지만 지난 20여 년간 서울을 둘러싼 산들은 도로 공사로 터널이 뚫리거나 야트막한 산이 통째로 없어지기도 했답니다. 그린벨트로 정해 개발을 막아 놓았지만 늘어나는 인구를 이유로 주택을 짓거나 도로를 만드는 바람에 그린벨트가 없어지기도 했어요. 그래서 도시가 점점 팽창하고 있지요.

이렇게 산이 귀한 세상이다 보니 요즘은 휴양림이라고 해서 나무가 많은 산에 예쁜 통나무집과 함께, 텐트를 갖춰 놓은 곳들도 많아요. 산속에 들어가서 피톤치드 가득한 신선한 공기도 마시고, 미세 먼지 걱정은 싹 잊고 지내다 올 수 있지 않을까요? 오래전에는 산에서 캠핑도 하고 불을 피워 음식도 해 먹을 수 있었지만, 요즘은 지정된 장소 외에 산에서 고기를 굽는 등 취사를 하는 것은 금지되어 있어요. 애써 키운 나무들을 산불로 잃을 수 있으니까요. 기후 변화 때문에 건조한 지역에서는 산불이 자주 나기도 하지요.

날씨가 건조해지면 왜 불이 잘 나는 걸까요? 누군가가 실수로, 혹은 의도적으로 불을 내지 않아도 산에서는 왜 불이 나는 걸까요? 다양한 이유가 있겠지만, 바람이나 벼락 같은 기상 현상 때문에 산불이 자연적으로 발생하기도 해요. 바람이 세차게 불면 촘촘히 붙어 있는 나뭇잎이나 가지끼리 마찰되면서 불꽃이 일어 불이 나기도 하고, 비구름을 따라 하늘에 벼락이 쳐서 그 불꽃이 바싹 마른 나무에 옮겨붙기도 한답니다. 하지만 이런 자연적인 이유보다는 농사를 지으려고 농지를 불태우다가 그 불씨가 옮겨붙어서 걷잡을 수 없는 산불을 일으키지요. 산에서는 절대 불조심! 잊지 말아야 해요.

산불이 나면 엄청난 화석 연료를 태우는 것과 같이 이산화탄소가 발생하는데, 그럼 기후 변화를 더 심화시키는 효과를 낳게 된답니다. 그래도 열대우림이라면 낮에 스콜이라는 비가 세차게 내리면서 불이 크게 번지지는 않을 텐데, 기후 변화로 열대 기후 지역에도 매일 내리는 비의 양이 많이 줄었어요. 우리나라는 요즘 마른장마라고 해서 장마철이 되어도 비가 많이 내리지 않기도 해요. 또 장마가 끝났다고 생각했는데 갑자기 폭우가 쏟아지기도 하지요. 그러자 기상청은 공식적으로 장마철의 시작과 끝을 발표하지 않기로 했답니다.

물길을 막으면 강은 죽고 말아요

우리나라의 주요 강은 너른 들을 가로질러서 바다로 흘러들어 가지요. 요즘에는 강가에 자전거 길이 많이 생겨서 자전거로 여행하기도 좋아졌어요. 강을 따라 자전거로 국토 순례를 해 보는 것도 좋을 것 같고, 중간중간에 쉬면서 낚시를 해도 좋을 것 같아요. 그런데 한 가지 고민이 생겼어요. 요즘은 강물에 녹조가 늘어 물고기가 많이 준 데다가 병까지 들어서 시름시름 죽어 가고 있어요. 우리나라는 기후 변화에 적응하기 위해 강물에 작은 댐처럼 보를 세웠는데, 보 때문에 물이 잘 흐르지 못해서 물에 녹조가 자주 생긴다고 해요. 기후 변화에 대비하기 위해 보를 세웠는데 강물의 흐름이 예전 같지 않다 보니 수온이 올라가고 녹조가 많이 생기고 수질도 나빠졌어요. 아무래도 강가에서 물고기를 잡기는 어려울 것 같네요.

바닷가의 모래가 사라지고 있어요

바닷가를 생각하면 하얀 백사장이 떠오르죠? 그런데 모래가 점점 없어지고 있다고 해요. 우리나라 바닷가의 모래 유실은 심각한 상태예요. 무언가 떠내려가서 점점 없어지는 것을 유실된다고 해요. 모래가 없어지는 원인이 단순히 기후 변화 때문은 아니에요. 해안을 개발하거나 하천에서 내려오는 모래가 줄어들었기 때문이기도 하지요. 기후 변화로 해수면이 상승하거나 침식이 발생하면서 모래가 쓸려 나가요. 그러나 해안가에 도로를 만들거나 방파제 같은 구조물을 만들면서 바닷물의 흐름을 방해해 모래가 쌓이지 않기도 하지요. 그리고 강 하구에 둑이 있어서 강을

농사꾼의 지혜, 둠벙

우리는 가뭄과 홍수를 대비해 평상시에 물을 모아 두는 댐을 건설하거나 보를 만들었어요. 그러나 자연의 흐름을 거스른 구조물은 오히려 수질 오염이나 수온을 높이는 결과를 낳았지요. 그럼 옛날에는 가뭄을 이겨 내기 위해 어떻게 했을까요? 우리 조상들은 논이나 밭 옆에 작은 연못 '둠벙'을 두어 언제든 물을 댈 수 있도록 평상시에 물을 모아 두었어요. 무엇보다 둠벙에는 여러 종류의 생물이 살고 있어 흙이나 주변 생태계를 건강하게 하는 역할도 했답니다.

따라 내려오는 퇴적물이나 모래가 둑 근처에는 쌓이지만, 바다로는 못 내려오기도 해요. 해안 침식으로 모래가 조금씩 쓸려 내려가더라도 강에서 내려오는 모래가 쌓여 계속 유지될 수 있었던 과거와는 달리 지금은 다른 곳에서 모래를 가져다 채워 넣어야 해요. 바닷가 모래는 인간에게는 자연 방조제 역할을 해 주기도 하고, 거북이 같은 동물에게는 산란지가 되어 주기 때문에 생태계에 매우 중요하답니다.

아름다운 해변을 즐기는 것도 좋지만, 잊지 마세요. 바닷가에 버려지는 각종 플라스틱 쓰레기 때문에 얼마나 많은 생물이 목숨을 잃고 있는지. 우리가 사용하는 플라스틱 제품들은 자연적으로 분해되는 데 아주 오랜 세월이 걸리기 때문에 대부분 조각이 나더라도 완전히 분해가 되기 전에 바닷가로 흘러가는 경우가 많아요. 과학자들은 2050년이 되면 바다에 물고기가 반, 플라스틱이 반이 될 것이라고 경고하고 있어요.

친환경 휴가를 보내는 일, 너무 어렵다고요? 그렇지 않아요. 자연을 사랑하는 마음만 있다면 어느 곳에 가더라도 실천하기는 어렵지 않아요. 집에서 시원한 여름을 보내더라도 전기를 많이 쓰지 않는 방법을 한 가지만 생각해 보면 어떨까요? 산, 들, 바다로 가더라도 자연을 즐기고 그곳에 나의 탄소 발자국을 남기지 않기 위해 한 가지만 약속한다면? 어때요, 이제 어디로 갈지 결정했나요? 자, 그럼 떠나 볼까요?

움직이려면 에너지가 필요해!

지석이네 가족은 여름 여행을 남해안의 바닷가로 결정했어요. 무엇을 타고 가야 할까요? 고속도로도 있고, 철로도 있고, 뱃길이나 항공로도 있지만 무엇을 타고 가야 기후 변화도 줄일 수 있고 환경을 사랑하는 방법일까요?

집에 있는 붕붕 자동차로 가자구. 경차라서 비좁기는 하겠지만, 휴게소에 들러 맛있는 간식도 먹고 재미있을 거야!

탄소에도 발자국이 있다는 사실, 아시나요?

친환경 교통수단은 과연 무엇일까요? 우선 어떤 수단이 이산화탄소를 덜 발생시키는지 알아야겠지요. 개개인의 일상생활이나 제품을 생산, 유통, 소비, 폐기하는 모든 과정에서 발생하는 이산화탄소의 양을 연구할 때 쓰이는 용어가 바로 '탄소 발자국'이에요. 지금부터 탄소 발자국에 대해 알아봐요.

지구 온난화를 일으키는 주요 원인은 이산화탄소이고, 석탄이나 석유를 사용할 때 주로 발생하지요. 우리가 사용하는 에너지와 물, 물건들이 우리에게 오기까지 많은 이산화탄소가 발생해요. 일단 전기를 만들려면 발전소를 지어야 하고, 전선도 있어야 하고, 송전탑도 세워야 하죠. 발전소에선 석탄, 석유, 천연가스 등 자원을 태워서 전기를 만들어요. 먹거리도 마찬가지로 에너지가 필요합니다. 농작물에 물을 대는 데에도 전기가 필요하죠. 비닐하우스에서 농사를 지으면 전기는 더 많이 들겠지요. 가구를 만들고 전자 제품을 만들고 책이나 장난감을 만들 때도 모두 에너지가 필요해요.

그래서 환경 운동가들은 물건이 생산되고 버려지기까지 배출되는 이산화탄소의 양, 즉 탄소 발자국을 조사해 기후 변화와 환경에 미치는 영향을 표시했어요. 요즘 탄소 발자국은 환경 운동가뿐만 아니라 정부나 각종 기관에서도 많이 활용하고 있어요. 탄소 발자국은 '물 발자국'이나 '생태 발자국'과 같이 인간이 지구에 남기는 발자국 중 하나랍니다. 우리가 풀밭을 마구 밟고 다니다 보면 풀들이 쓰러지고 죽기도 하잖아요. 그런 것처럼 우리가 지구에 남기는 발자국은 지구를 망가뜨리는 발자국이에요. 그래서 이런 발자국을 가능하면 적게 남기는 것이 바로 지구 환경시계를 멈추게 하는 방법이지요.

교통 탄소 발자국, 무엇이 클까요?

우리가 사용하는 자동차부터 기차, 버스, 비행기, 선박에 이르기까지 거의 모든 교통수단은 휘발유나 경유 등 화석 연료를 태워 움직이기 때문에 이산화탄소를 많이 발생시켜요. 서울에서 부산까지 왕복(약 1,000km) 여행을 한다면 이산화탄소가 얼마나 발생할까요? 교통편에 따라 이동 중에 발생하는 탄소의 양은 서로 다르겠죠. 그래서 우리는 교통편별로 탄소 발자국을 비교할 수 있어요.

환경을 사랑하는 여행이라면, 무엇을 타고 가야 할까요? 다음의 수치를 보고 곰곰이 생각해 보아요.

① 3명의 가족이 함께 경차를 타고 다녀올 때
   1인당 이산화탄소 배출량 42kg

② KTX 기차를 타고 다녀올 때

　　1인당 이산화탄소 배출량 19.7kg

③ 버스를 타고 다녀올 때

　　1인당 이산화탄소 배출량 30kg

④ 비행기를 타고 다녀올 때

　　1인당 이산화탄소 배출량 171kg

특히 비행기는 엔진에서 곧장 이산화탄소가 배출되어서 대기 중에 있는 다른 온실가스들과 섞이기 때문에 더 빠르게 온실 효과를 발생시킬 수 있어요. 교통 탄소 발자국을 기준으로 친환경 정도를 비교해 보니 기차나 버스를 이용하는 것이 가장 좋을 것 같네요. 하지만 옷, 놀이 도구, 먹을거리 등 짐도 많고, 가족 모두가 함께 움직여야 하니 매번 탄소 발자국만을 생각할 수는 없겠지요.

전기 자동차를 탄다면 친환경 여행을 떠날 수 있을까요? 지금처럼 휘발유나 경유로 움직이는 자동차보다는 전기 자동차가 환경에 좋은 자동차임은 분명해요. 하지만 환경 문제를 완전히 해결해 줄 수는 없답니다. 자동차를 충전할 때 드는 전기가 화석 연료로 만들어지기 때문이지요. 하지만 재생 에너지로 생산된 전기를 사용해 움직이는 자동차라면 친환경 여행에 안성맞춤일 것 같아요.

현재 일상적으로 사용하는 데 성공한 수소차는 수소를 이용해 전기를 만들어 자동차를 움직이는 방식이라 전기차보다는 친환경적이라 할 수 있어요. 그러나 아직 풀어야 할 기술적인 숙제들이 남아 있어요. 화석 연료를 사용해야 하는 내연 기관을 서서히 없애고 재생 에너지를 이용해 만든 전기로 움직이는 자동차들이 더 많아진다면, 환경시계는 조금 더 천천히 움직이겠지요?

전기차와 수소차는 어떻게 다른가요?

전기차는 자동차에 장착된 건전지에 외부 전기를 충전해 사용하는 방식이고요, 수소차는 수소를 연료로 삼아 자체적으로 만든 전기로 차를 움직이는 방식이에요. 그러니까 전기차는 대형 발전소에서 만든 전기를 이용하는 셈이지요. 그러나 수소차는 수소 기체가 수소 이온으로 분해될 때 전자가 발생하는데, 이를 전기 에너지로 전환해 수소 연료전지를 충전하는 방식이에요. 그러니 전기차보다는 친환경 자동차라 할 수 있어요. 게다가 한 번 충전해서 전기차보다 더 먼 거리를 갈 수 있다는 장점도 있어요. 하지만 물에서 수소를 분리하는 데 필요한 에너지 때문에 수소차의 효율성이 낮은 단점이 있고, 아직은 생산에 필요한 기반 시설이 부족해서 차 가격이 매우 비싼 편이랍니다.

친환경 숙박 시설은 어디일까?

여행지에서는 숙소가 꼭 필요하지요. 호텔, 콘도미니엄, 모텔, 펜션, 글램핑, 캠핑 등 다양한 시설이 지석이네 가족을 기다리고 있네요. 여름 여행, 과연 어느 곳에 머무르는 게 지구 환경을 사랑하는 일일까요?

여행 때는 무엇보다 숙소가 편해야 해. 나는 호텔! 오랜만의 여행인데, 이 정도는 괜찮잖아?

무슨 말씀을! 우리가 돈이 어디 있어요. 그냥 콘도를 빌려서 가요. 콘도를 빌리면 밥도 해 먹을 수 있고, 잠도 편하게 잘 수 있잖아요?

모처럼 가족 여행인데 텐트를 가져가요! 가족끼리 사랑도 쌓고 협동심도 기르고, 무엇보다 대자연과 함께 낭만적이지 않겠어요?

헐, 아빠 코 고는 소리 때문에 텐트에서 어떻게 자! 혹시 '여름 별장'이라고 들어 봤어요? 민박처럼 여름 동안 비어 있는 집을 통째로 빌려주죠. 싸고, 편하고, 낭만적이지 않을까요?

자원의 낭비를 막는 '공유' 개념을 아시나요?

우리나라 전체에 여행객을 위한 숙박 시설은 5만 개 정도 있다고 해요. 소득이 올라갈수록 여행이나 관광을 즐기는 사람들이 늘다 보니 많은 숙박 시설이 생겨났죠. 하지만 꼭 호텔이나 리조트처럼 숙박 시설로 지은 곳에서만 지내야 할까요? 비어 있는 집이나 방을 이용할 수 있다면 그만큼 숙박 시설을 덜 지어도 되고, 불필요한 자원 낭비를 막을 수 있지 않을까요?

요즘에는 스마트폰이나 인터넷으로 비어 있는 집이나 방을 빌려주는 사람들이 많아요. 여행에 앞서 앱이나 인터넷을 검색해 찾아보는 습관을 들이면 좋을 것 같아요. 물론 그런 장소가 신뢰할 만한 장소인지는 꼭 먼저 확인해 봐야겠죠!

집뿐만 아니라 자동차나 장난감 등 내가 평소에 쓰지 않는 물건도 공유할 수 있어요. 우리가 도서관에서 책을 빌려 보듯 말이죠. 물론 도서관과 같은 공공 서비스처럼 무료는 아니에요. 사용료를 받고 빌려주니 저마다의 경제 활동이라고 해야겠죠. 자동차를 가지고 있지만 평소에 잘 타지 않는다면 **카셰어링*** 방법을 활용할 수도 있어요. 만약 출퇴근 시간에 2시간만 타고 세워 두는 자동차라면 나머지 시간엔 다른

> **카셰어링**
> 셰어링(sharing)은 공유라는 뜻이에요. 카셰어링은 차를 빌려 쓰는 방법이지요. 가끔 자동차를 사용한다면 차를 사는 것보다는 집 가까운 곳에서 필요할 때마다 시간 단위로 빌려 쓸 수 있답니다.

사람이 차를 탈 수 있으니, 차를 덜 사게 만들어서 자원 낭비를 줄이는 효과가 있답니다. 우리가 다른 사람의 빈집 혹은 방을 빌려 쓸 수 있는 것처럼 우리가 집을 비우거나, 가족 일부가 없어서 방이 남는다면 그 공간을 빌려주는 것도 가능하겠지요. 이렇게 자신의 물건이나 자산을 다른 사람에게 빌려주거나 공동으로 사용하는 형태의 경제를 '공유 경제'라고 불러요.

최근 외국에서는 에너지도 공유하자는 에너지 공유 사업들이 생겨나고 있어요. 아직 기술적으로 좀 더 개발과 발전이 필요하지만요. 또 미국에서는 신생 업체 절반 이상이 물건을 공동으로 쓰거나 빌려주는 공유 경제 형태의 사업을 하고 있지요. 우리나라에서도 많은 신생 업체가 공유 경제를 바탕으로 사업을 시작하고 있는데, 기존의 기업들도 이런 공유 경제를 바탕으로 사업을 시도해 볼 거라고 해요.

미래학자들은 전기차와 자율 주행 차량이 등장하면 공유 경제가 더 활성화될 것으로 보고 있어요. 언제나 안전하게 빌려서 탈 수 있는 차가 많아진다는 것은 모두에게 좋은 일이지요. 물론 택시 기사나 대리 운전이라는 직업이 사라질 수도 있겠지만, 공유 경제에 맞는 새로운 직업들이 생길 테니 크게 걱정할 일은 아니에요. 앞으로는 차의 가치가 소유한다는 재산 가치보다는 이동할 때 사용하는 서비스 개념으로 바뀌게 될지 몰라요. 그러면 교통 체증이나 공해 문제가 확 줄어들어 자동차 문화도 많이 달라질 거예요.

참여형 소비자(프로슈머)가 뭔가요?

공유 경제를 이해했다면 내가 물건을 팔거나 집을 빌려줄 수 있는 사람이 될 수 있다는 것도 쉽게 알아챘을 거예요. 최근에는 집이나 물건을 빌려주는 것 외에도 텃밭에서 자란 과일이나 곡식을 직접 팔거나, 취미 생활로 만든 수공예품을 파는 경우도 늘고 있어요. 이제는 누구나 생산자가 될 수 있고 판매자도 될 수 있어요. 이것이 바로 미래 경제학자 앨빈 토플러가 말한 '참여형 소비자(프로슈머)'예요. 대기업이나 유통 업체만 생산과 판매를 하던 과거와는 전혀 다른 경제 구조가 등장한 것이죠. 이렇게 되면 우리 생활 전체가 친환경적인 삶과 더 가까워질 수 있어요.

프로슈머는 프로듀서(producer: 생산자)와 컨슈머(consumer: 소비자)의 합성어야.

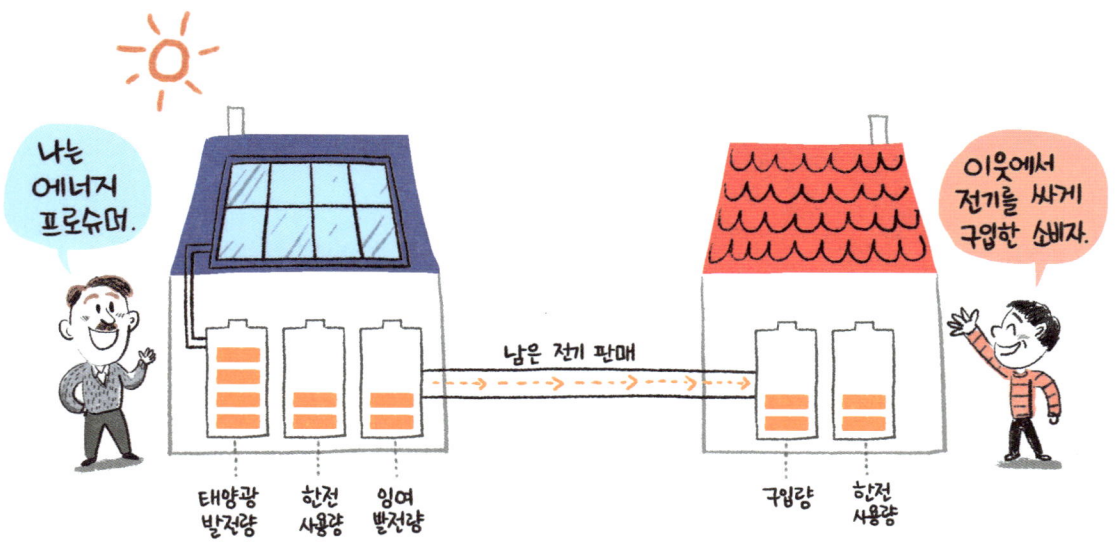

　에너지 프로슈머도 마찬가지예요. 공기업과 대기업에서만 생산하던 전기를 이제는 개인이 생산해 판매할 수 있게 되었어요. 발전소와 각 가정 사이에만 전기가 흐를 수 있는 통로를 만들어 놨기 때문에 개인은 다른 개인에게 직접 전기를 팔 수 없었어요. 그러나 가정과 가정 사이에도 전기가 지나다니는 길을 만들게 되면 내가 만들어 낸 에너지 중 남는 것을 이웃에게 나눠 주거나 팔 수 있으니까, 역시 자원을 효율적으로 사용하는 방법이에요.

　요즘 한창 관심을 받는 3D 프린팅 기술 덕분에 가까운 미래에는 여러 물건을 개인이 만들고 판매하는 진정한 프로슈머의 시대가 될 것이라고 해요. 여기에 친환경 물질을 이용한 3D 프린팅 기술을 개발할 수 있다면 탄소 발자국은 더 줄어들겠지요.

제로 에너지 주택은 어떨까요?

미래형 주택은 어떤 모습이어야 할까요? 기후 변화를 최소화하는 '제로 에너지 하우스'가 필요해요. 여기서 '제로'라면 생산하는 에너지 양과 소비하는 에너지 양이 같아지는 것을 말해요. 다시 말하자면 에너지 낭비가 거의 없는 집을 말하지요.

우선은 주택의 벽을 두껍게 만들고 열을 차단하는 신소재를 써서 빠져나가는 열을 막아야겠죠. 이렇게 에너지 낭비가 없는 집을 '패시브(Passive) 하우스'라고 해요. 여기에다가 태양광이나 지열 등 재생 에너지를 생산하는 시설을 갖추면 어떻게 될까요? 아주 적은 에너지만으로도 집을 유지할 수 있으니 '제로 에너지 하우스'가 되겠지요. 패시브 하우스나 제로 에너지 하우스를 빌려주는 곳이 있다면 좋은 체험이 될 거예요.

빌려주는 숙박 시설은 아니지만, 서울시에 있는 '에너지드림센터'를 가 보면 제로 에너지 건물을 직접 만나 볼 수 있어요. 벽과 창 모양을 독특하게 디자인해 여름에는 시원하고, 겨울에는 빛이 많이 들어오게 하는 집을 지었죠. 이런 방법만으로도 70%가량의 에너지를 절약할 수 있다고 해요. 나머지 30%는 태양광과 지열을 이용해 스스로 공급한답니다. 실제로 이런 디자인을 적용한 집은 사용하는 전기보다 생산하는 전기가 많아서 남은 전기를 팔아 수익을 올리고 있다고 해요. 얼마 전에는 서울시 노원구에 제로 에너지 단지가 생겼어요. 공동 주택이지만 전체 건물에서 소비하는 에너지를 지열과 태양광에서 생산해 충당하고 있답니다.

　친환경 패시브 하우스는 다양한 기술 개발에 힘쓰고 있어 점점 더 발전하고 있어요. 창 앞이 막혀서 햇빛이 충분히 들어오지 못하면, 지붕에 햇빛 튜브를 설치해 햇빛을 집 안으로 끌어오기도 해요. 공부방이나 화장실은 낮에도 불을 켜야 하니 햇빛 튜브를 이용하면 전깃불을 아낄 수 있겠지요. 또 수돗물을 생산하는 데에도 이산화탄소가 배출된다는 사실, 여러분도 다 아실 거예요. 그래서 빗물을 이용해 수돗물을 아끼는 기술도 개발되었어요. 이 기술은 '빗물 저금통'이라 부르는데, 빗물을 받아 뒀다가 텃밭이나 화분에 물을 주기도 하고 청소용으로 쓸 수도 있답니다.

국내 최초로 제로 에너지 주택이 생겼어요!

2017년 11월, 우리나라 최초의 제로 에너지 주택이 문을 열었어요. 서울특별시 노원구 하계동에 반짝이는 태양광 판을 벽면에 두른 아파트가 등장한 것이죠. 이 아파트는 태양광 전지판과 지열 히트 펌프를 이용해 에너지를 100% 자급자족하도록 지어졌어요. 게다가 단열 공법과 고성능 창호 등의 최신 설비로 에너지 낭비를 최소화했어요. 그런데 아파트 단지에서 생산된 전기가 남으면 어떻게 할까요? 남은 전기는 한국전력공사에 팔아서 수입도 올릴 수 있다고 하네요.

내 건강이 곧 지구의 건강!

이젠 여행할 장소와 이동 방법, 머물 장소까지 정했으니, 먹는 일이 남았네요. 가족과의 여행, 유명한 맛집에 들러 맛있는 음식을 사 먹는 것도 좋지만, 펜션이나 캠핑장에서 만들어 먹는 재미도 특별한 경험이지요. 그럼 장바구니 들고 친환경 쇼핑을 해 볼까요?

여행을 떠나면 무조건 잘 먹어야지! 고기도 구워 먹고 맛있는 생선회도 먹을 거야. 아이스크림은 디저트로!

여행을 가면 자고로, 그 지역의 향토 음식을 맛보는 게 예의라구! 가만… 남해안의 특산물이 뭐가 있더라?

큰일 낼 사람들이네! 원래 친환경 여행이란 검소하게 자연을 음미하면서 마음의 안식을 얻는 거예요. 아침은 숙소 마당에서 딴 친환경 농산물로 반찬을 만들어 먹고, 낮에는 소박하고 정갈한 맛집에서 해결하는 것으로!

말들은 잘해요! 밥은 누가 하고 설거지는 누가 하나요? 휴가까지 가서 가사 노동에 시달리기는 싫어요. 뭘 먹어도 좋으니 무조건 외식! 그게 아니라면 라면과 즉석 밥으로!

푸드 마일리지가 뭐예요?

　우리 식탁에 올라오는 음식들은 어디에서 왔을까요? 오늘 아침에 먹은 미역국, 밥, 김치, 달걀말이, 어묵, 장조림 등을 한번 떠올려 봐요. 그냥 빵과 주스로 대신했나요? 아니면 시리얼과 우유? 우리가 먹고 마시는 음식은 여러 유통 단계를 거쳐서 식탁까지 오게 돼요. 식품의 생산지에서 우리 집까지의 거리가 멀다면 아무래도 식품이 덜 신선하고, 운반 과정 중에 교통 탄소 발자국도 커지겠지요.

　식품이 생산된 곳에서 소비자의 식탁에 오르기까지 이동한 거리를 '푸드 마일리지 혹은 푸드 마일'이라고 불러요. 푸드 마일리지는 식품이 내 식탁까지 오는 동안의 총 이동 거리에 식품의 양을 곱하면 계산할 수 있어요. 아침에 먹은 빵을 볼까요? 빵은 우리 동네 빵가게에서 만들었는지 몰라도 재료들은 모두 멀리서 온 것들이에요. 밀가루와 아몬드는 미국, 설탕은 브라질 등에서 왔지요. 빵에 사용된 재료들의 푸드 마일리지를 모두 더하면 아침에 먹은 빵의 푸드 마일리지가 된답니다. 밀가루의 경우 미국과의 거리 약 10,000km에 밀가루 양을 곱하면 푸드 마일리지가 나와요. 푸드 마일리지는 다시 탄소 발자국으로 계산할 수 있어요. 이때 밀가루를 비행기나 차로 가져왔다면 2,000kg이 넘는 이산화탄소를 배출하게 되고, 배로 왔다고 하면 70kg의 이산화탄소를 배출한 셈이에요. 우리 국민 한 사람이 갖는 푸드 마일리지는 연간 7,000톤·킬로미터가 넘어요.

프랑스 국민에 비하면 거의 10배에 달하죠. 이웃의 섬나라 일본보다도 높아요.

한편 생산 과정에서도 탄소 발자국을 줄이는 방법이 있어요. 바로 제철에 맞는 농산물을 키우는 거예요. 여름 작물은 여름에, 겨울 작물은 겨울에 키운다면 비닐하우스에서 냉난방을 하기 위해 에너지를 쓸 필요가 없답니다. 그러니 가능하면 제철 음식을 먹는 것이 탄소 발자국을 조금이나마 줄일 수 있는 좋은 방법이에요.

식량 무역, 참 우스워요!

자유 무역 시대에 살다 보니 농수산물의 수출입이 자유로워지면서 우리의 식탁엔 점점 먼 곳의 농산물이 올라오고 있어요. 그러다 보니 이런 일도 일어나요. 1996년 영국에서는 4,900만kg의 버터를 수출했어요. 그런데 그해 영국인들은 4,700만kg의 버터를 수입해 먹었죠. 미국 캘리포니아주에서도 비슷한 일이 있었어요. 캘리포니아산 오렌지 중 90%는 일본에 수출해요. 그런데 캘리포니아 주민들은 남미와 플로리다주에서 오렌지를 사다가 먹지요. 우리 지역에서 나는 농수산물을 우리가 먹으면 참 좋을 텐데, 왜 이런 일이 생기는 걸까요?

영국과 미국의 경우처럼 같은 종류의 식품을 수출입 하게 되는 이유는 경제적인 이익을 더 많이 남길 수 있기 때문이에요. 조금이라도 더 많은 수익을 남기려는 자유 경제 시장의 속성 때문에 생기는 일이죠. 수출업자는 자기 나라의 농산물을 비싸게 사 주는 외국 상인에게 자기 나라의 농산물을 넘기죠. 국내에서 팔 때보다 더 많은 이익이 남기 때문이에요. 그런데 수입업자는 국내 농산물보다 싼값에 다른 나라에서 수입해 이익을 남기려고 노력해요.

농산물뿐만 아니라 수산물에서도 이런 현상들은 쉽게 찾아볼 수 있어요. 우리나라는 근해에서 많이 잡히는 고등어를 수출하기도 하지만 고등어를 수입하기도 해요. 우리는 칠레산 포도를 많이 수입하지만, 우리나라에서 나는 포도는 중국으로 수출하기도 하고요. 특히 김치의 나라인 우리나라에서 김치를 수출하는 것은 당연하겠지요? 일본이나 미국, 유럽으로 수출되는 김치의 양은 꽤 많아요. 그런데 대형 식당에서 쓰는 김치는 중국에서 수입한 김치가 많은 것이 현실이랍니다.

우리나라에서 생산되는 건강한 우리 밀이 있지만, 생산량이 턱없이 부족해요. 게다가 수입하는 밀가루가 워낙 싸서 국내에서 생산된 밀은 제값을 받기 힘들어요. 자연히 수입 밀가루에 의존하게 되겠죠. 하지만 식량을 경제적 가치로만 생각해도 될까요?

세계화 시대에 웬 신토불이?

신토불이(身土不二)는 우리의 몸과 땅이 하나로 밀접하게 붙어 있다는 뜻인데, 우리 몸에 맞는 우리 농수산물을 더 많이 애용하자는 구호로 쓰이고 있어요. 푸드 마일리지나 탄소 발자국을 생각하지 않더라도 우리는 왜 우리 농수산물을 먹어야 할까요?

대개 수입하는 과일은 충분히 익을 시간을 주지 않고 수확하게 돼요. 바나나도 초록 바나나를 따서 바다를 건너 동네 슈퍼마켓까지 오는 동안 서서히 노란 바나나로 익어 가지요. 오렌지나 포도, 망고, 복숭아 등 많은 과일이 익기 전에 수확을 하다 보니 숙성된 과일보다 맛이 떨어져요. 게다가 긴 이동 시간 동안 썩지 말라고 보존제를 넣거나 좋은 빛깔을 내라고 화학 약품을 넣기도 해요. 과일뿐만 아니라 반찬으로 자주 등장하는 어묵도 주로 생선 살에 각종 식품 첨가물을 넣어서 만들어요.

물론 수입할 수밖에 없는 농산물도 있지요. 바나나와 커피, 초콜릿의 원료인 카카오 같은 작물은 우리 기후에선 자라지 않으니까요. 이들 농산물은 꼭 공정무역으로 수입한 제품을 먹는 것이 좋아요. 공정무역이란 생산자들에게 정당한 가격을 주고, 더 건강하고 친환경적인 제품을 공급받고자 노력하는 무역을 말해요. 국제 사회가 인정하는 공정무역의 정의는 다음과 같아요. "공정무역은 대화와 투명성, 존중을 바탕으로 공평하고 정의로운 국제 무역의 동반자가 될 것을 약속합니다. 특히 경제 발전의 혜택으로부터 소외된 저개발 국가의 생산자와 노동자 들에게 더 나은 거래 조건을 제공하고 그들의 권리를 보호해, 지속 가능한 발전에 이바지합니다." 이렇게만 된다면 가난한 나라의 배고픈 사람들도 일한 만큼 잘살 수 있으니까, 너무나 좋겠죠?(공정무역은 지금 읽고 있는 '착한 사회를 위한 탐구생활 시리즈' 중 한수정 님이 쓴《지구촌 아름다운 거래 탐구생활: 착한 사회를 위한 공정무역 이야기》를 보면 자세히 나와 있어요.) 생산자와 소비자 모두에게 유익한 공정무역은 지속 가능한 발전을 추구해요. 그래서 친환경 생산으로 모든 경제 활동을 바꿔 나가려고 노력한답니다. 공정무역이 더 활발해진다면 지구 환경시계를 늦추는 데 큰 도움이 되겠죠?

육식은 탄소 발자국 폭탄

"야외로 놀러 가면 당연히 바비큐쯤은 해 줘야죠!"

숯불 위에 올린 고기와 신선한 채소의 만남, 여행의 하이라이트! 가족과 오붓이 앉아서 고기를 굽고, 그 자리에서 갓 구운 고기를 신선한 쌈 채소에 싸서 한 점씩 먹다 보면 행복이 멀리 있는 것이 아니구나 하는 마음이 들곤 합니다. 옛날에는 동네 잔치를 벌일 때 소나 돼지를 한 마리씩 잡아서 온 마을 사람이 나눠 먹기도 했어요. 과거에는 고기가 아주 귀했지만, 요즘은 흔한 음식이 되었지요. 하지만 고기가 건강이나 환경에 좋지 않다고 말하는 사람들이 있어요. 왜일까요?

《육식의 종말》이라는 책의 저자 제레미 레프킨은 "고기 1kg을 만들려면 콩 7kg이 필요하고, 햄버거 하나에 들어가는 고기를 만들려면 1.5평의 땅이 필요하다."고 했어요. 그러니 내가 햄버거를 하나 먹지 않는 것만으로도 1.5평의 땅을 보호하는 셈이에요. 유엔의 보고서에 따르면 전체 온실가스 중 18%가 가축에서 발생한다고 했고, 그중에서도 가장 많이 발생시키는 것이 '소'라고 밝히고 있어요. 지구에서 사육되는 소에게 먹이는 콩이나 옥수수 같은 사료를 사람이 먹는다고 하면 87억 명을 먹일 수 있다고 해요. 실로 엄청난 양이죠. 지구 인구가 약 76억 명인데, 소, 돼지, 닭, 양 등 가축은 200억 마리가 넘으니 그럴 만도 해요.

감자 1칼로리를 만드는 데 화석 연료 에너지가 0.46칼로리가 필요하다면, 소고기 1칼로리를 생산하는 데에는 화석 연료 에너지가 33.3칼로리가 필요하다고 해요. 무려 70배가 넘는 에너지가 더 들죠. 우리에게 필요한 단백질은 육류에만 들어 있는 게 아니라 유제품이나 콩, 견과류, 달걀에도 많이 포함돼 있으니 매일 견과류를 먹는 것도 탄소 발자국을 줄이는 좋은 방법이에요.

고기의 섭취를 줄이는 일이 자동차를 적게 타는 것보다 지구 온난화를 줄이는 데 더 효과적인 방법이 될 수 있다고 해요. 식단을 바꾸면 건강도 좋아지고 지구 환경시계도 멈출 수 있다니, 이야말로 '도랑 치고 가재 잡는' 방법 아닐까요?

설거지로 기후 변화를 줄인다고요?

밥을 먹었으니, 이제 치워야겠죠? 막상 여행하게 되면 짐도 줄이고 설거지의 불편함을 없애려고 일회용품을 많이 사용하게 돼요. 숟가락부터 접시에 이르기까지 일회용품은 참 다양하고 예쁜 것도 많지요. 우리나라 사람들이 1년에 사용하는 종이컵의 수가 1인당 약 460개, 하루 평균 약 1.26개라고 해요. 매년 230억 개를 쓴다고 하는데, 이만큼의 종이컵을 생산하는 데 발생하는 이산화탄소의 양은 16만 톤이나 된답니다. 이산화탄소 16만 톤을 줄이려면 3~4만 그루의 나무를 심어야 겨우 흡수할 수 있는 어마어마한 양이에요. 종이컵은 물에 젖지 않도록 코팅 처리가 돼서 썩는 데만도 20년 이상이 걸리지요.

커피 전문점이 번창하고 편의점이 늘어날수록 일회용 플라스틱 컵도 많이 사용되고 있어요. 냉커피나 주스와 같은 차가운 음료를 담기에 편리하기 때문이에요. 플라스틱은 분해되는 데 100년 이상이 걸리기 때문에 땅에 묻으면 지구 환경이 매우 나빠져요. 소각장에 보내 태우면 유해 화학 성분이 대기로 흩어져서 환경을 오염시키지요. 플라스틱 제품을 줄이고 쓰지 않는 지혜가 필요해요.

특히 최근에는 일회용품을 쓰지 말자는 운동이 전 세계로 퍼져 나가고 있어요. 아일랜드는 2002년부터 비닐 봉투에 세금을 부과해 사용량을 90%나 줄였다고 해요. 덴마크, 스웨덴, 독일, 영국 등에서도 플라스틱 병에 세금을 부과한 뒤 병을 점포로 가져오면 돈을 돌려주는 제도를 시행해서 큰 효과를 보고 있어요. 여러분이 한 번만 사용하고 버리는 빨대도 큰 문제예요. 영국의 일부 스타벅스 매장에서 플라스틱 대신 종이 빨대를 쓰기로 했다고 해요. 우리나라에서도 플라스틱 빨대를 없애겠다는 음식점이 늘어나고 있고, 카페에서는 매장 내에서 일회용 플라스틱 컵을 사용할 수 없게 되었어요. 그러나 무엇보다도 여러분 스스로 일회용품을 쓰지 않는 생활 습관을 들이는 것이 중요하겠지요?

플라스틱의 역습, 웃을 일이 아니에요

2050년이 되면 바다에 물고기보다 플라스틱이 더 많을지도 몰라요. 자연에 버려진 눈에 보이는 플라스틱 쓰레기는 치우면 되지만 문제는 눈에 보이지 않는 플라스틱이에요. 해마다 바다로 흘러드는 쓰레기는 170만 6천 톤이라고 해요. 그중에서 60~80만 톤 정도가 수거된다고는 하지만, 매년 엄청난 양의 쓰레기가 바다를 오염시키고 있는 것이죠. 그렇게 바다를 떠도는 쓰레기의 약 3분의 2가 플라스틱 쓰레기라고 해요.

플라스틱은 파도에 휩쓸리면서 태양의 자외선을 받아 작은 조각으로 분해가 되지요. 이렇게 작아진 플라스틱들은 바다를 떠돌다가 해류에 밀려 태평양과 대서양 한가운데에 머물며 거대한 섬을 이루어요. TV에 방

플라스틱의 역습

영되었던 환경 관련 다큐멘터리에서 이곳을 취재한 적이 있었는데, 한글 상표가 선명한 칫솔과 생수병이 그 머나먼 태평양 한가운데에 떠 있는 것을 보니, 안타까우면서도 많이 부끄러웠답니다.

　더 치명적인 것은 이렇게 조각난 플라스틱을 물고기나 새가 먹이로 착각해 먹는다는 거예요. 물론 절대 먹어서는 안 되죠. 해양학자들이 죽은 바다 생물의 위에서 플라스틱 조각들을 잔뜩 발견했다는 뉴스는 충격이었지요. 실제로 바다거북은 해파리를 먹이로 삼는데, 비닐봉지가 바다에서 일렁거리면 해파리로 착각해요. 그래서 비닐 봉지를 해파리인 줄 알고 먹다가 죽기도 한답니다.

　물고기에게 치명적인 것이, 사람에겐 안전할까요? 최근에 나온 보고서에 따르면 인간이 먹는 해산물에서 아주 잘게 분해된 미세 플라스틱이 포함되어 있어, 인간의 건강에 해를 끼칠 수 있다고 해요. 인간이 마구 버린 플라스틱이 인간을 공격하고 있는 셈이죠. 그러니 일상생활에서는 물론, 여행지에서 즐겨 쓰는 일회용품을 우리는 어떻게 해야 할까요?

나도 환경 지킴이

미니멀 라이프

아까워서 버리지 못하는 마음이 큰 것은 당연해요. 물건을 아끼는 마음은 좋은 것이랍니다. 미니멀 라이프는 물건을 정리해 깨끗하게 버리는 것이 아니라, 반드시 필요한 물건만을 사는 것이 가장 중요해요.

우리는 플라스틱이 석유로 만들어진다는 것을 알고 있어요. 그러면 우리가 쉽게 사게 되는 장난감들이 얼마나 많은 탄소 발자국을 만들어 내는지 먼저 생각해 보세요. 장난감을 갖고 싶어 하고 인형을 가지고 놀고 싶어 하는 마음이 잘못은 아니에요. 현란한 광고로 동심을 빼앗는 소비 환경을 극복하기 위해서는 어른들의 노력도 중요하답니다. 친구나 이웃끼리 서로 바꿔 가면서 놀 수 있는 물건은 함께 사용하고, 도서관에서 빌려 볼 수 있는 책은 도서관을 이용한다면 자원도 절약할 수 있고, 지구도 더 시원하게 만들 수 있겠지요.

제4장

환경시계를 거꾸로 돌려라!

자연도 즐기고 기후 변화에 관한 유익한 사실들을 배워 본 가족 여행은 어떠셨나요? 이젠 지구 환경에 더 관심을 두게 되었다고요? 그러나 나만 실천한다고 해서 환경시계를 거꾸로 돌릴 수 있을까요? 가족이 함께 하고 학교와 마을이 동참한다면 더 좋겠죠. 나아가 우리가 사는 지역, 그리고 나라 전체가 기후 변화를 줄이는 데 앞장선다면, 정말 환경시계를 거꾸로 돌릴 수 있을 거예요. 지금부터 환경시계를 거꾸로 돌리는 우리의 노력들을 하나씩 살펴봐요.

환경시계를 멈추는 마을들

서울의 에너지 자립 마을:
동작구 상도동 성대골 마을

서울시는 몇 해 전부터 100개의 에너지 자립 마을을 운영하겠다는 목표를 세웠어요. 자립이라는 말은 스스로 살아간다는 말이니까, 그동안 에너지를 소비만 하던 서울시가 에너지를 만드는 생산자가 되어 보겠다는 뜻이겠지요? 혹시 여러분은 서울 시민이 힘을 모아 시작한 '원전 하나 줄이기 운동'을 들어 본 적이 있나요? 마을마다 친환경 소규모 발전소를 만들어 전기를 공급함으로써 에너지 부족으로 핵 발전소를 지어야 하는 필요성을 줄여 가겠다는 것이지요. 에너지 자립으로 발전소 줄이기까지, 일거양득인 셈이네요.

2012년부터 10년간 서울에는 200개가 넘는 에너지 자립 마을이 생겼어요. 그러나 여전히 서울시에서 자체적으로 생산하는 전력은 전력 사용량의 10%도 되지 않아요. 마을마다 재생 에너지 발전소가 생겨난다면 언젠가는 서울과 같은 대도시에서도 전기를 자급자족하는 날이 오겠지요?

에너지 자립 마을 중 모범적인 마을이 성대골 마을이에요. 서울시 동작구 상도동에 있죠. 이곳 주민은 힘을 모아 2010년에 '성대골 어린이도서관'을 열었답니다. 아이들과 책을 보러 오던 엄마들을 중심으로 환경 관련 교육 프로그램도 진행했죠. 에너지 절약 방법을 배우고 실천하면서, 자발적으로 모임을 구성해 지역에 적합한 태양광 발전기를 연구하고 개발하기 시작했어요. 결과는 아주 좋았어요. 마을의 50가구 이상이 태양광 발전기를 설치하면서 매달 800kWh의 전기를 절약했답니다. 이 소식은 곧 다른 지역에도 전해져 많은 사람이 견학을 왔고요. 그러자 도서관 주변의 학교와 교회 등에서도 참여하게 되었죠. 상도동의 어린이집 20곳에서도 태양광 발전기를 설치해 전기도 생산하고 에너지 교육 현장으로도 활용하고 있어요.

처음엔 자그마한 에너지 절약 운동으로 시작했지만 이제는 어엿한 에너지 자립 마을로까지 발전하게 되었어요. 지금도 다른 지역 주민들이 성대골 마을의 성공 사례를 배우러 찾아오고 있답니다. 이렇게 서울시에 있는 마을마다 에너지 자립에 성공한다면, 지구의 환경시계는 더 천천히 움직이겠죠?

스웨덴 말뫼와 강원도 홍천

　스웨덴의 말뫼는 유명한 산업 도시였어요. 매립지에 공장이 가득 들어차 있던 말뫼는 1990년대에는 해양이 오염돼 큰 위기를 겪었죠. 그런데 2001년부터 재생 에너지를 이용하고 친환경 건물을 건설하면서 세계적으로 유명한 친환경 에너지 도시로 탈바꿈했어요.

　우선 1,000개의 주택을 새로 지으면서 아예 친환경 에너지 주택 단지로 설계했어요. 에너지를 가장 효율적으로 사용할 수 있도록 지은 것이죠. 옥상에는 텃밭과 온수용 태양 전지를 설치하고, 풍력 발전기를 지어 전체 가구에 전기를 공급했어요. 난방은 지하 90m에서 끌어 올리는 온천수로 해결했어요. 교통도 개선했어요. 걷기 좋은 도시를 만들어 걸어서 15분, 자전거로 5분이면 생활에 필요한 나들이를 다 할 수 있도록 했지요. 대중교통은 바이오 에너지로 움직이는 버스로 해결했어요. 생물 연료인 바이오매스를 연료로 얻어지는 에너지가 바이오 에너지예요. 전기차를 사용할 때 불편함이 없도록 주차장마다 태양광 발전기로 생산되는 전기 충전소를 세웠고요.

　그래서 어떻게 되었을까요? 도시 전체에 필요한 에너지를 100% 재생 에너지로 공급하게 되었어요. 지금은 세계적인 친환경 에너지 자립의 모범 사례로 손꼽히고 있죠. 도시 전체의 친환경 에너지 관련 시스템을 운영하는 데 5만 명가량을 채용하고 있어서 지역 경제에도 크게 도움을 주

고 있답니다.

　도시와 바다가 깨끗해지면서 에너지 자립에 관한 견학과 여행을 하는 관광객이 해마다 늘고 있어요. 그런데 이보다 더 큰 선물은 따로 있어요. 말뫼가 시행착오를 거치면서 보완한 친환경 에너지 기술력이 더 효율적이고 더 청정한 에너지 자립의 꿈을 세계인에게 심어 주고 있다는 사실이죠. 에너지 자립, 이제는 꿈이 아니라 개개인의 의지와 실천의 문제예요.

　그렇다면 우리나라는 어떨까요? 말뫼를 본보기로 에너지 자립을 실천하는 곳이 있어요. 바로 홍천 에너지 마을이에요. 강원도 홍천에서는 쓰레기 매립장과 분뇨 처리장에서 발생하는 가스를 연료로 전환하는 시설을 만들었어요. 이곳에서 만들어진 바이오 가스는 약 750가구에 공급된답니다. 주민들은 이 가스로 난방도 하고 밥도 지어 먹어요. 하수 처리장에 소규모 수력 발전소를 설치하고 태양광 발전소를 함께 지어 친환경 전기도 생산하지요. 이렇게 생산된 전기는 모두 지역 주민을 위해 쓰이고 있어요.

삶을 바꾸는 마을, 영국의 토트네스

　여러분은 '전환 운동'이란 말을 들어 본 적이 있나요? 환경 운동, 여성 운동, 노동 운동은 들어 봤지만, 전환 운동은 처음인 친구들이 많을 거예요. '전환'이 무엇을 바꾼다는 말인 것은 알겠는데, 과연 무엇을 바꾼다는 뜻일까요? 이 책을 열심히 읽은 친구라면 벌써 눈치챘을지 모르겠네요. 맞아요. 크게는 지구를 아프게 하는 삶에서 지구를 살리는 삶으로 바꾼다는 뜻이에요. 그럼 무엇부터 해야 할까요? 바로 에너지의 전환이랍니다.

우리는 그동안 화석 연료처럼 기후 변화에 큰 영향을 주는 에너지로 삶을 이어 왔어요. 전환 운동은 기후 변화에 영향을 주지 않는 에너지로 바꾸자는 운동이에요. 현재 전 세계 40여 개국 1,100여 개 마을이 이 운동에 동참하고 있죠.

이 운동을 가장 먼저 시작한 곳은 영국의 작은 도시 토트네스예요. 어느 날 우연히 모여 앉은 젊은이 세 명의 소소한 대화에서 시작되었대요. 토트네스는 산업 혁명 이후 빠르게 발전한 도시였지만 석유와 같은 화석 연료에 의존한 도시였죠. 젊은이들은 지역의 미래를 걱정하고 있었어요. 서로 그런 생각을 나누다 보니 말이 잘 통했지요. 그래서 처음엔 에너지 자립부터 해 보자는 마음으로 전기를 아껴 쓰고, 에너지 효율을 높이고, 재생 에너지로 바꿔 나가야 한다고 지역 주민을 설득했어요. 물론 이들은 에너지 절약을 실천에 옮기고 주민의 동참을 이끌었죠.

그렇게 탄소 발자국을 줄이는 방법을 찾아 가던 주민들은 먹을거리도 가까운 지역에서 구해 먹는 것이 중요하다는 사실도 알게 되었어요. 집집마다 텃밭을 가꾸고 가까운 목장에서 우유와 치즈를 공급받았답니다.

이들은 2030년까지 '석유 에너지 독립 계획'을 세우고 현재 사용하는

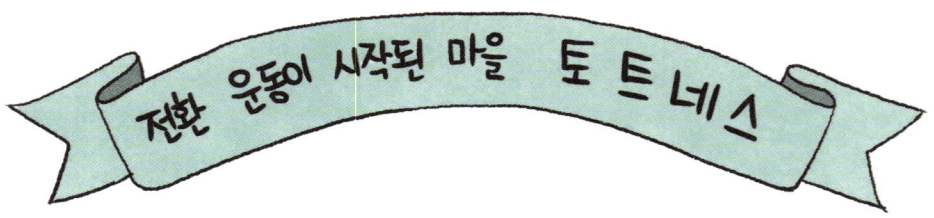

석유 에너지를 절반 이하로 줄이기로 했어요. 그 나머지는 재생 에너지로 전환하려는 것이지요. 마을 단위로 공동 태양광 발전기를 설치하고 어떻게 하면 에너지를 더 아낄 수 있는지 함께 소통하면서 고민했어요.

이들이 아이디어를 내고 실천한 아주 독특한 사례가 있어요. 바로 지역 화폐를 발행해 쓰고 있는 거예요. 대형 할인점 대신 지역 주민이 운영하는 작은 가게들을 이용하면서 자연스럽게 지역 화폐가 자리를 잡아 성공했지요. 토트네스 전환 운동을 시작한 롭 홉킨스는 지역 화폐를 쓰게 된 이유를 이렇게 설명하고 있어요.

"지역 상점에서 쓰는 1파운드의 돈은 경제적인 부가가치를 2.5파운드 창출하지만, 대형 할인점을 이용하면 1.4파운드밖에 창출하지 못합니다. 지역 내에서만 사용할 수 있는 화폐지만 공무원이나 지역민이 지역 화폐로 월급을 받아 그 지역 내에서 사용하도록 하면, 결국 지역의 돈이 지역에서 유통되고, 재투자될 수 있기 때문에 지역의 발전을 도울 수 있지요."

이러한 지역 화폐가 성공하려면 반드시 필요한 게 있어요. 바로 전환 운동처럼 지역 공동체가 사회 발전에 도움이 되는 인류 공동의 가치에 동의하고 함께 실천할 수 있어야 해요. 옆집에 누가 사는지도 모르는 삭막한 도시 생활 속에서는 공동체 의식이 발전하기 어렵겠죠?

"우리 지역만 아니면 돼!" 하는 지역 이기주의와 "우리가 변하면 우리 사회가 더 안전하고 깨끗해질 수 있어!" 하는 공동체 운동은 전혀 다르다는 것, 여러분도 잘 알 거예요.

미국의 이타카 생태 마을

 영국의 토트네스와는 조금 다른 형태지만 미국 뉴욕주 중북부에 있는 '이타카 에코 빌리지'도 지역 주민이 스스로 일궈 낸 생태 마을이에요. 이타카는 미국의 명문 대학인 코넬대학이 있는 작은 도시여서 다양한 전문직 종사자들이 자신의 재능을 기부해 생태 마을을 가꿔 가고 있죠. 농부, 디자이너, 작가, 건축가, 교육자, 환경 전문가, 엔지니어에 이르기까지 다양한 직업을 가진 사람들이 마을을 이루어 살아가고 있어요.

 리즈 워커 씨가 쓴 《이타카 에코 빌리지》라는 책을 보면, 1991년도에 뜻이 맞는 30가구의 주민이 모여 이 마을을 처음 만들기 시작했다고 해요. 집은 자연 친화적인 재료와 공법으로 지었어요. 그리고 이 마을에서 살아가려면 농사를 반드시 짓기로 합의했죠. 거주지에서 공동체가 함께 농사를 지어 먹을거리를 해결한다는 일종의 생태 선언을 한 셈이에요. 그래서 이곳은 농지도 친환경적으로 만들고, 빗물을 받아 농수로 써요. 화학 비료와 농약은 당연히 안 쓰겠지요. 에너지도 태양열과 태양광을 이용해 공급한답니다.

 이곳은 공동체 문화가 정착된 곳이어서 공동 육아와 공동 교육 프로그램을 개발하고 실천하며 살아가요. 토트네스처럼 지역의 화폐도 가지고 있어요. 하지만 이들은 조금 다른 방식의 화폐예요. 자신들이 자원봉사한 만큼 지역의 화폐를 발행받고, 다른 곳에서도 이 화폐를 쓸 수 있어요.

이들은 이동할 때 공동체 게시판에 알려 함께 차를 이용하는 카풀도 하고 있어요. 이런 방법이 늘 쉽지는 않지만 서로 많이 소통함으로써 마을의 갈등도 줄여 나가고 있답니다.

스페인의 몬드라곤 협동조합

협동조합이라는 말을 아시나요? 협동조합은 대기업 위주의 경제 환경에서 벗어나 일하는 사람들이 정당한 몫을 누릴 수 있는 대안 경제 활동이라고 할 수 있어요. 협동조합의 역사는 꽤 오래되었지만, 최근 캐나다, 미국, 영국 등 선진국에서 새로운 개념의 협동조합들이 모범 사례로 등장해 발전하고 있어요. 여기에 영향을 받아 우리나라에서도 최근 활발하게 발달하고 있답니다.

일반 기업과 협동조합의 차이는 뭘까요? 기업은 경영자가 자본을 투자해 의사 결정을 하고, 이익을 많이 가져가는 형태지만, 협동조합은 조합원들이 함께 출자하고 함께 일해서 그 이익을 나누는 형태지요. 그래서 개인의 이익보다는 공동체의 이익을 좀 더 생각하고 실천할 수 있어요. 이를테면 건강한 먹을거리를 생산해서 유통하고, 친환경 수제품을 만들어 팔면서 환경 문제에도 관심을 두는 협동조합이 가능해지는 것이지요.

바로 스페인의 몬드라곤 협동조합처럼 말이에요. 몬드라곤은 스페인의 북서부 바스크 지역에 있는 작은 도시예요. 1936년부터 1939년까지 치렀던 스페인 내전으로 이 도시는 완전히 폐허가 되다시피 했어요. 그런데 내전 뒤에 이 마을에 부임한 한 신부님이 청년들의 일자리를 만들고자 작은 공장을 짓고 최초의 몬드라곤 협동조합을 만드셨어요. 이때 만든 협동조합이 지금까지 모범적으로 운영되면서 세계적으로 유명해졌지요. 현재 몬드라곤에는 10여 개의 단위 협동조합이 있고 약 260개의 회사가 운영되고 있어요. 몬드라곤 협동조합에서 일하는 노동자는 84,000여 명이고 연매출은 20조 원이 넘는답니다.

　협동조합원은 한 사람 한 사람이 회사의 주인이어서 일반 기업처럼 사람을 수단으로만 생각하지 않아요. 그래서 협동조합이 성공하려면 개개인의 책임감과 협동심, 그리고 민주적인 의사 결정 방식이 꼭 필요해요. 이익을 내면 일자리를 하나라도 더 만들기 위해 노력하고 조합원 간에 임금의 격차도 합리적이고 모두가 인정할 수 있도록 조정해야 하지요. 의료, 교육, 환경, 사회 보장과 같은 삶의 질에 관한 문제도 지역 공동체와 함께 노력해 발전시켜 나가고 있어요. 협동조합에서 공장을 하나 짓고 운영하더라도 지역의 환경 문제를 먼저 생각해 오염 물질을 최소화하도록 노력한답니다.

에너지 전환 국가, 아이슬란드

세계에서 화석 연료의 사용 비율이 가장 낮은 나라는 어디일까요? 바로 아이슬란드예요. 아이슬란드는 1973년 제1차 석유 파동을 겪으면서 발상을 전환하기 시작했어요. 석유 가격은 계속 오를 것이고, 지구의 환경까지 망치는 석유를 점점 줄여 가야 한다고 생각한 것이죠. 에너지 자립을 선언한 아이슬란드는 자신들이 가진 두 가지 자원을 에너지로 전환할 준비를 했어요. 바로 온천의 열과 빙하천이에요. 땅속의 지열을 끌어올려 전체 에너지 사용량의 69%를 생산하고 빙하천에 설치한 수력 발전으로 18%를 생산하고 있어요. 이렇게 재생 에너지로 공급하는 에너지가 국가 전체의 87%를 차지하고 있어요. 나머지 13%는 석유와 석탄 자원인데 이는 주로 차량과 어선의 연료로 사용되고 있지요.

아이슬란드는 화석 연료 0%에 도전하고 있어요. 전기차와 수소차를 도입하기 시작하면서 최근에는 점차 목표치에 가까워지고 있지요. 우리나라도 어서 빨리 장기적인 목표를 세우고 에너지 전환 운동에 적극적으로 참여해야만 해요

기후 변화를 막기 위한 세계의 노력

오염자 부담 원칙이 뭐예요?

환경 문제가 발생하면 일단 환경 문제를 일으킨 사람들이 그 문제를 해결해야 공평하겠지요? 이것이 오염자 부담 원칙이에요. 오염을 일으킨 사람들이 피해자에게 보상해 주고 오염된 물과 땅과 공기를 원래 상태로 되돌리는 비용을 내는 게 마땅하니까요.

1991년에 위험한 화학 물질을 낙동강에 유출한 회사가 있었어요. 낙동강 페놀 사건으로 알려진 이 사건은 구미 공단에 있던 두산전자 공장에서 페놀 성분이 든 폐수가 흘러나와 식수원을 오염시키고 생태계와 농경지를 파괴한 일이에요. 오염된 수돗물을 마신 임산부가 유산하는 슬픈 일도 있었어요. 결국 이 회사는 막대한 벌금을 물고 관련자들은 구속되어 처벌

받았어요.

　미국에서는 엑손이라는 석유 회사가 큰 책임을 지는 일도 있었어요. 이 회사 소속의 유조선이 대서양에서 좌초되어 엄청난 양의 기름이 바다로 흘러들었어요. 이 사고로 많은 해양 생물이 죽었답니다. 바다를 오염시킨 기름을 제거하는 데 큰돈이 들었죠. 그런데 엑손은 기름 제거 비용만 책임지고, 생태계 파괴에 대한 책임은 지지 않으려고 했어요. 책임 소

재를 놓고 재판이 열렸어요. 그 결과 엑손은 재판에서 졌고, 생태계 복구 기금과 연안 지역의 피해액까지 모두 보상해야 했지요.

이렇듯 각 정부와 국제 사회는 오염자 부담 원칙을 갖고 환경 오염에 대처하고 있지만, 미리 이런 일이 일어나지 않게 예방하는 것이 가장 좋겠지요. 고의가 아니더라도 실수로 일어나는 참사를 막기 위해서는 기업은 기업대로 철저히 점검하고, 정부와 시민 단체는 꼼꼼히 감시하는 일을 소홀히 해서는 안 돼요.

온실가스, 오염자는 누구?

오염자 부담 원칙을 알았으니, 이제 온실가스를 배출하는 오염자는 누구이며 어떻게 부담하도록 해야 하는지 알아봐요. 기후 변화의 주요 원인이 되는 온실가스 배출은 누가 가장 많이 했을까요? 그리고 문제 해결 비용을 어떻게 내라고 명령할 수 있을까요?

미국에서는 2011년에 스키장 중 반이 늦게 개장하고, 또 반은 일찍 닫을 정도로 눈이 내리지 않았어요. 눈이 오지 않는 따뜻한 겨울 탓에 1999년부터 2010년까지 미국 내에서 약 2만 7천 명의 일자리가 없어졌다고 해요. 이렇게 일자리가 없어진 책임은 누가 져야 할까요? 스키장에서 인공눈을 만드는 데 드는 비용을 온실가스를 많이 배출한 기업에 내라고 할 수 있을까요?

　온실가스 배출은 오랜 세월 누적되어 와서 책임을 가리기 쉽지 않답니다. 물론 전 세계가 모여서 머리를 맞대고 따져 봤어요. 1850년 산업화 이후 누적된 이산화탄소 배출량을 계산해 보니 가장 책임이 큰 국가는 미국이고, 그다음이 유럽연합과 다른 선진국들, 그리고 신흥 개발 도상국의 순서라는 것은 알아냈지요. 하지만 배상을 정확하게 요구하기는 쉽지 않았어요. 많은 나라가 자신의 잘못을 인정하게 되면 비용이 들게 되니 기후 변화 자체를 부정하기도 했어요. 피해액이 부풀려졌다며 비난하기도 했고요. 그러다 보니 협상이 잘 이루어질 수가 없었어요.

　그래서 유엔 회원국들은 앞으로 배출량을 줄여 가도록 약속하면서 선진국들이 먼저 기후 변화로 피해를 본 지역에 도움을 주기로 협상했어요. 그것이 바로 '유엔 기후 변화 협약(기후 변화에 관한 유엔 기본 협약)'이에요. 이때 나온 구체적인 실천 약속이 '교토의정서'였어요. 이 약속은 2005년 2월 16일 정식으로 발효되었죠. 그리고 2010년부터 기후 변화에 따른 피해를 줄이고자 선진국들이 돈을 모아 가난한 나라의 피해를 보상할 수 있도록 '녹색기후기금(GCF)'을 조성하기 시작했어요.

　그 뒤 2015년에 극적으로 '파리 기후 협정'을 정하고 2018년 이후 교토의정서를 대체하게 되었어요. 러시아-우크라이나 전쟁으로 어려움을 겪기도 하고, 미국 같은 힘 있는 국가가 정치적인 이유로 협정을 탈퇴하기도 했어요. 그러나 기후 변화 협약은 전 세계인이 공통으로 지켜 나가야 할 약속이랍니다. 바로 여러분과 여러분의 자손이 살아갈 지구의 미래가 여기에 달려 있기 때문이죠.

기후 변화 협약이 무엇인지 궁금해요

1992년 브라질의 리우데자네이루에 모인 세계 정상들은 지구의 환경 문제에 관심을 두고 집중적으로 회의를 했어요. 당시 아주 중요한 세 개의 유엔 환경 협약이 탄생했어요. 첫 번째가 바로 '기후 변화 협약'이고, 두 번째가 '사막화 방지 협약', 세 번째가 '생물 다양성 협약'이에요. 물론 지속 가능한 발전을 위한 '의제21'도 정해졌지만, 참가국들이 꼭 지켜야 하는 국제 협약은 아니었어요.

이때 등장한 기후 변화 협약은 192개 유엔 회원국이 기후 변화를 인정하고 이를 개선하기 위해 어떤 책임과 의무를 지녀야 하는지 명시해 놓은 협약이에요. 기후 변화의 책임은 "공통"으로 있으나, 선진국과 개발 도상국이 "차별화된" 재정 지원의 책임을 지닌다는 원칙으로 맺어진 협약이었지요. 1990년도 수준으로 이산화탄소 배출량을 줄여야 한다는 데 다들 동의했지만, 몇몇 국가들 빼고는 실제로 잘 지켜지지 않았어요.

특히 선진국에서는 산업 활동을 제한해야 하는 부담이 있다 보니, 개발 도상국 중 중국이나 인도 등 신흥 공업국의 참여가 없으면 효과를 낼 수 없다는 핑계를 대고 슬그머니 빠져나가기도 했어요. 반면에 개발 도상국들은 선진국들이 재정 지원을 먼저 해 줘야 한다고 주장했어요. 기술이 낙후해 공해 발생이 심하니, 선진 기술도 무상으로 알려 달라고 했죠. 이러한 의견 차이로 중요한 결정을 못 하긴 했지만, 세계가 기후 변화에 공동으로 대응해야 한다는 점에 대해 다 같이 인정했다는 것은 큰 성과였죠.

왜 1990년을 기준으로 감축량을 정하나요?

1990년은 기후 변화 협약이 논의되기 시작한 시점에 가깝기도 했지만, 그 당시 세계 경제가 호황이었기 때문에 이 시점으로 기준을 정하면 급격하게 산업을 규제하지 않아도 된다고 생각했기 때문이에요. 게다가 세계에서 세 번째로 온실가스를 많이 배출하는 러시아는 1990년 이후 구소련이 무너지고 연방 국가들이 독립하는 변혁기를 거치면서 경제가 위축되어 온실가스 배출량이 급격히 줄어들었어요. 그러니 배출량이 많았던 1990년을 기준으로 하면 유리한 측면이 있었지요. 독일도 1990년은 동독과 서독이 통일되면서 배출량이 증가했던 시점이었어요. 따라서 이러한 이유로 주요 국가들이 1990년을 선택했어요. 하지만 모두가 1990년을 기준으로 삼지는 않았어요. 교토의정서를 보면 1995년을 기준 연도로 정한 국가들도 있었답니다.

교토의정서에서는 무슨 약속을 했나요?

'교토의정서'는 1997년 제3차 기후 변화 협약 당사국 총회에서 채택되었어요. 1992년 리우데자네이루에서 처음 기후 변화 협약이 만들어질 때는 입장 차가 크다 보니 구체적으로 어떻게 행동을 해야 할지 그 세부 내용을 정하지 못했어요. 모든 국가가 1990년 수준으로 온실가스를 감축해야 하며, 온실가스의 배출량을 조사하고 보고해야 한다는 조항과 에너지를 효율적으로 사용해야 한다는 등의 일반적인 내용이 중심이었지요. 그 후 몇 차례의 협상을 거쳐 1997년 일본의 교토에서 열린 회의에서야 겨우 의정서(조약을 보충하는 문서)를 만들게 되었어요. 교토의정서는 국가별로 구체적인 온실가스 감축 목표(줄이고자 하는 양)를 정했고, 참가국들은 서로 실천하자고 약속했어요. 일단 산업화로 누적 배출한 온실가스가 가장 많은 미국과 유럽연합을 비롯해 주요 선진국들이 의무 감축량을 정했지요.

전체적으로 1990년 이산화탄소 배출량보다 평균 5.2%를 감축해야 한다는 내용이었어요. 구체적으로는 미국이 7%, 유럽연합이 8%, 일본과 캐나다가 6% 감축하도록 정했어요. 이때 감축 목표를 달성하는 방법으로 '탄소 배출량 거래'라는 '교토 메커니즘'이 등장하기도 했어요.

선진국 그룹은 1차 의무 감축 대상 기간을 2008년~2012년까지로 정하고 시행에 들어가기로 했어요. 하지만 처음부터 이를 받아들이지 않았던 미국이라든가 중간에 탈퇴를 선언한 호주나 캐나다 같은 국가들도 있었어요. 목표한 이산화탄소 배출량을 달성하지 못하면 법적 책임을 져야 하기 때문이었지요. 따라서 기후 변화를 줄이는 일은 생각만큼 쉽지가 않았어요.

결국 1차 의무 기간이 끝나 가던 2012년 카타르의 도하에서 새로운 협상안을 가지고 회의를 열었지만, 합의에 이르지 못하고 말았지요. 그나마 교토의정서 체제를 그대로 연장해 2012년부터 2020년까지 2차 감축 기간을 정하게 되었어요. 유럽연합 회원국들은 2020년까지 1990년 대비 20% 감축을 목표로 삼고, 에너지 효율도 20% 늘리고 전체 에너지 중 재생 에너지의 비율을 20%로 만들겠다는 큰 목표를 세웠어요. 그러나 여전히 다른 주요 오염 국가들은 손을 거의 놓고 있는 상태랍니다.

교토 메커니즘은 뭐예요?

교토의정서에서 정한 온실가스 감축 목표를 실제로 달성하려면 나라마다 다양한 방법으로 노력해야 했어요. 그러나 에너지를 절약하고 에너지 효율이 높은 제품을 개발하고, 재생 에너지를 쓴다고 하더라도 목표를 다 달성하기가 어려워 보였어요. 그래서 고민 끝에 세 가지 감축 방법을 도입했죠. 그것이 바로 시장 경제 방식을 활용한 '교토 메커니즘'이에요. 첫째 탄소 배출권 거래 제도, 둘째 공동 이행 제도, 셋째 청정 개발 체제예요. 이 세 가지 방법이 무엇인지 간단히 알아볼까요?

교토 메커니즘 1 : 탄소 배출권 거래 제도

탄소 배출권 거래 제도는 탄소 배출권 제도를 운영하는 국가와 업체들이 서로 남거나 부족한 배출권을 거래하는 제도예요. 교토의정서에 서명한 국가들은 이산화탄소 감축량을 정해 놓고 국가에 따라 산업별, 업체별로 구체적인 이산화탄소 배출량을 계산했어요. 그런데 어떤 업체는 감축 목표량을 쉽게 달성할 수 있다 보니 더는 배출권이 필요 없게 되고, 감축 목표를 달성하지 못하는 업체는 탄소 배출권을 더 사 와서 배출량을 늘려 목표를 잡는 거예요. 목표량을 달성하려면 에너지 절감 기술을 도입하고 생산 체제를 바꿔야 하는 등 많은 투자가 필요한데, 그런 곳에 투자하기보다는 다른 업체의 남는 배출권을 사서 배출량을 늘리는 방법을 허용한 거예요. 이렇게 전체 감축 목표를 달성하고자 업체 간에 배출권을 사고팔 수 있는 시장을 법적으로 제공하는 것을 '탄소 배출권 거래 제도'라고 불러요. 조금 어려운가요?

예를 들어 볼게요. ○○중학교 1학년 1반과 2반은 다이어트를 하기로 했어요. 1반에서는 평균 2kg을 줄이기로 했는데, 1반 학생 중에서 A라는 친구는 살이 좀 쪘으니 스스로 3kg을 줄이겠다고 마음을 먹었고, B라는 친구는 말라서 1kg을 줄이는 것도 힘들겠다는 생각을 했어요. 그런데 선생님이 모두 정해진 목표를 채우라고만 한다면 학생들은 불평이 많을 거

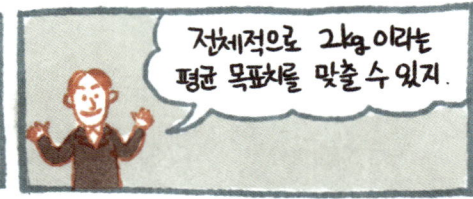

예요. 학생마다 처해 있는 상황도 다르고, 실제로 살을 빼기 어려운 학생도 있고, 비교적 살이 쉽게 빠지는 학생도 있을 테니까요. 그래서 선생님은 학급의 목표인 평균 2kg의 기준에 맞추려면 학생 B가 1kg 분량의 감량권을 학생 A에게 사서 본인이 감당하지 못한 1kg을 맞추도록 거래를 허락하는 거죠. 그럼 전체적으로는 2kg이라는 평균 목표치를 맞출 수 있기 때문이에요.

배출권 거래 제도는 이렇게 서로 배출권을 교환해서 지구 전체 감량 목표를 달성할 수 있도록 하는 제도예요. 어떤 기업이 1,000톤을 배출량으로 할당받았지만 1,200톤을 배출해야 한다면 초과하는 200톤을 다른 업체에서 사 오는 것이 허용되었지요.

그럼 반이 다른 학생들 사이에서도 거래할 수 있을까요? 네. 1반 선생님과 2반 선생님이 합의한다면 가능해요. 무슨 뜻이냐면, 국가 간에도 탄소 배출권의 거래가 가능하다는 말이에요.

그렇다면 개인도 탄소 배출권을 가지고 있을까요?

아니에요. 탄소 배출권은 온실가스를 많이 배출하는 업체, 즉 온실가스 배출량이 연평균 125,000이산화탄소톤 이상인 업체이거나 사업장을 기준으로 25,000이산화탄소톤 이상을 배출하는 사업장들이 의무적으로 참여해요. 주로 철강 산업, 발전소, 식품 제조 업체, 바이오 업체, 반도체나 중공업 사업장 등 국내에서는 500여 개의 업체와 사업장들이 의무적으로 배출 허용량을 부여받고 여유분과 부족분을 사고팔 수 있지요. 하지만 의무가 아닌 업체들도 2015년부터 온실가스배출권의할당및거래에관한법률을 통해 자발적으로 배출권 거래가 가능해요. 의무적으로 참여해야 하는 기업이 아니더라도 기업에서 신청하면 자발적으로 배출권 거래 제도에 참여할 수 있답니다. 자신이 배출량을 충분히 감축할 수 있다고 판단이 된다면 배출량을 줄여서 배출권을 확보하고, 이를 판매하여 돈을 벌 수 있죠.

교토 메커니즘 2 : 공동 이행 제도

온실가스를 감축하기 위한 교토 메커니즘 중 한 가지 방법으로, 한 국가가 온실가스 감축 사업에 투자해 그 결과로 줄인 온실가스 감축분을 자신의 감축량으로 인정받는 제도예요. 즉 A 회사가 도와줘서 B 기업이 온실가스를 감축하게 되면 B 회사가 감축한 양을 A 회사의 온실가스 감축량으로 인정해 주겠다는 것이죠. 미국이나 일본 등 OECD 국가들은 동유럽 국가의 낡은 설비를 개선하거나 보수하는 사업에 투자해 얻은 온실가스 감축량을 자신의 감축량으로 인정받고 있어요. 또한 토지 이용을 개선해서 산림을 보존하거나 산림 조성 사업을 할 때 친환경적으로 잘 관리하면 이런 혜택을 받을 수 있어요.

에너지 사업에서는 연료를 재생 에너지로 전환하거나 **열 병합 발전***으로 온실가스 배출량을

> **열 병합 발전**
> 전기를 생산하면서 증기나 온수를 함께 만들어 내기 때문에 발전과 난방(열)을 동시에 할 수 있는 방법입니다. 일반적인 발전소에 비해 에너지 이용률을 높일 수 있는 발전 방법이지요.

줄이는 방법, 재생 에너지 개발에 투자하거나 에너지 효율화 사업에 투자하는 등의 방법으로 혜택을 받게 된답니다. 산호초와 플랑크톤의 탄소 흡입 능력을 활용한 프로젝트라든가 매립지의 메탄을 흡입하는 장치를 개발하는 사업 등도 공동 이행 제도로 인정받을 수 있어요.

교토 메커니즘 3 : 청정 개발 체제

온실가스 감축 의무가 있는 선진국이 개발 도상국의 온실가스 저감 사업이나 청정 사업에 투자하면, 그곳에서 발생한 감축분만큼을 선진국의 감축분으로 인정해 주는 제도예요. 선진국과 개발 도상국 간의 온실가스 감축 협력 체제로 이해하면 돼요. 앞서 말한 공동 이행 제도가 선진국끼리 하는 감축 협력 체제라면 청정 개발 체제는 선진국과 개발 도상국 간의 협력을 도모하는 방식이지요. 선진국에서 브라질, 중국, 인도 등의 개발 도상국에 에너지 효율이 높은 기계를 제공하거나 재생 에너지 사업에 투자한 것이 여기에 해당해요.

그럼 한 가지 떠오르는 질문! 개발 도상국이 자체적으로 기술 개발을 하면 청정 개발이 인정되나요? 물론 자체적으로 청정 개발로 인정되는 사업을 하면 탄소 배출권을 부여받을 수 있어요. 그럼 그렇게 생긴 탄소 배출권을 다른 나라 기업에 팔 수도 있겠지요.

교토의정서는 왜 2005년이 되어서야 발효되었나요?

국제 협약이 발효된다는 말은 그 법이 각 국가에서 법적 효력을 지니게 되었다는 말이에요. 그러니까 정말 법을 지키기로 약속한 시점이지요. 원래 계획대로라면 1997년에 합의된 교토의정서는 5년 후인 2002년에 발효가 될 예정이었어요. 하지만 2001년에 갑자기 미국이 교토의정서를 탈퇴하게 되면서 발효가 늦춰졌어요. 교토의정서에 있는 다음과 같은 조항 때문이었어요. "교토의정서의 발효는 최소한 55개국이 이를 비준해야 하고, 비준한 국가들의 의무 감축량을 모두 합쳤을 때 전 세계에서 배출되는 이산화탄소의 55%가 넘어야 한다"는 조항이에요. 하지만 미국이 탈퇴하면서 이 규정을 지킬 수가 없었는데, 다행히 러시아가 2004년에 비준하면서 이 규정을 간신히 맞출 수 있게 되었답니다.

새로운 기후 변화 협약은 무엇을 바꾸나요?

앞서 살펴봤듯이 교토의정서의 효력은 2020년까지 연장되었어요. 그러나 2015년에 합의한 파리 기후 협정을 빨리 적용해야 한다는 의견에 따라 2018년부터 파리 협정 체제를 적용하게 되었어요. 그 과정이 순탄하지는 않았어요. 구체적인 감축량을 정하기가 쉽지 않았거든요. 지구의 평균 기온이 상승하는 범위를 2℃로 정하고 이것을 넘기지 않으려면 이산화탄소의 총누적량 1,000기가 이산화탄소톤으로 제한해야 해요. 하지만 이미 이 누적량의 절반 이상을 배출했기 때문에, 남은 배출량을 국가별로 어떻게 제한하느냐가 국제적으로도 예민한 문제였죠. 그래서 선진국의 감축 의무 강화와 개발 도상국의 감축 의무를 두고 서로 팽팽한 견제가 이어졌어요.

특히 중국과 인도처럼 인구가 많고 산업화와 도시화를 진행하고 있는 국가의 탄소 배출은 지구적으로 큰 영향을 줄 것이 틀림없기에 선진국의 의무에 더해서 중국과 인도의 감축 의무가 중요하게 떠올랐어요. 이산화탄소 배출량이 세계 7위인 한국도 자유로울 수 없었지요. 특히 해수면 상승으로 위기에 처한 섬나라들은 온난화를 멈추는 일이 무엇보다도 시급하기 때문에 국제 사회에 강력히 개선을 요구하고 있어요. 그래서 국제 회의에 참가한 각국 대표단은 지난 20여 년간의 경험으로 각 국가가 자신들의 산업화 수준과 기후 변화의 심각성을 고려해 스스로 감축 목표를 정하기로 합의했어요. 부모님이나 선생님이 시켜서 억지로 공부하는 것보다 스스로 계획을 세워서 하는 것이 더 재미있는 것처럼 말이에요.

파리 기후 협정은 스스로 감축 목표를 정하고 그것을 지키기로 한 약속이지만, 합의까지는 어려움이 컸어요. 협약 당사국은 여전히 '공통의 그러나 차별화된 책임'이라는 부분에서 의견 대립을 좁히기 힘들었어요. 개발 도상국들은 선진국과 개발 도상국의 책임이 서로 다르다는 점을 확인하고, 선진국들이 재정적으로나 기술적으로 개발 도상국을 도와야 한다고 강조했어요. 선진국들은 개발 도상국의 책임이 점점 증가하고 있으니 개발 도상국의 감축 목표를 확실히 높여 달라는 입장이었고요. 그러다 결국 한 걸음씩 다가서는 수준에서 협상이 타결되었지요. 그렇게 모든 국가가 감축 목표를 제출할 때, 유엔 기후 변화 협약에서는 더 강력한 목표를 제시하자는 '진전의 원칙'을 정했어요. 유엔을 통하지 않고서도 다양한 통로를 통해 협력할 수 있는 국제 탄소 시장도 구체화하게 되었지요. 스스로 정한 목표지만 잘 지켜지지 않을 수 있기 때문에, 회원국은 정기적으로 점검하고 평가하기로 정했답니다.

스스로 정한 목표가 충분하지 않다면요?

파리 기후 협정에서 정한 2℃라는 지구의 평균 기온 상승 목표는 전문가의 제안에 따라 1.5℃로 변경되었어요. 2050년까지 탄소 배출량과 흡수량이 같아지는 탄소 중립을 이루어야 해요. 더 강력하고 시급한 행동이 필요한 상황이지만 변화는 더디기만 합니다.

많은 환경 단체가 현재 내놓은 각국의 목표량으로는 지구의 온난화를 막지 못할 것이라고 우려했어요. 게다가 억지로 목표를 잡았다가 기후 변화 협약 자체를 탈퇴해 버리는 부작용도 생각하지 않을 수 없지요. 그렇기에 스스로 행동하려고 노력하는 모습을 믿어 보려고 한답니다. 특히 환경 문제를 많이 일으키던 제조업 분야가 서비스 산업으로 많이 바뀌면서 산업 구조도 바뀌고, 경제 발전이 화석 연료의 사용과 비례한다는 정설도 사라지는 시점이어서 경제 발전과 이산화탄소 배출이 절대적으로 같지 않다는 것도 믿게 되었고요. 특히 생산 부문에서도 화석 연료에서 재생 에너지로의 전환이 이루어지면 큰 무리가 없을 것이란 기대가 높아지고 있어요. 목표 이상으로 많은 감축이 이루어지기를 기대하는 것이 너무 순진한 바람일까요?

우리나라는 어떤 노력을 하고 있나요?

한국의 온실가스 배출량은 2010년 6억 6,900만 톤이었어요. 2030년에는 약 8억 9,900만 톤 정도로 늘어날 것이라고 전망하고 있지요. 왜 감축량이 아니라 늘어나는 배출량을 전망하냐고요? 국가별로 감축 목표를 정하는 기준이 다르기 때문이에요. 어떤 국가는 1990년을 기준으로 정하기도 하고, 우리나라처럼 앞으로 배출될 양, 즉 전망치를 생각해서 그중 일부를 줄이겠다고 약속하는 국가도 있어요.

모든 산업이 기후 변화에 대처하지 않고 경제 성장만 했을 때 발생하는 오염 수치를 "온실가스 배출량 전망치(BAU, Business as usual)"라고 해요. 한국도 전망치에서 37%를 줄이겠다는 약속을 했어요. 그러나 선진국으로서 책임 있는 모습을 보이기 위해 2030년까지 2018년 온실가스 총배출량 대비 40%를 감축하겠다는 약속으로 변경했답니다. 2018년은 한국이 온실가스를 7억 2,760만 톤 배출해 역사상 가장 많은 이산화탄소를 배출한 해예요. 그리고 2050년까지는 탄소 중립을 이루겠다는 과감한 목표도

제시했지요. 과연 우리가 이렇게 많이 감축할 수 있을까요?

국내에서 이 정도의 양을 줄이기 위해서는 산업 현장에서 재생 에너지를 급속도로 늘려야 하고, 서둘러 에너지 효율 제품으로 전환해야 해요. 공장 굴뚝에 이산화탄소 저감 장치를 설치해 배출량을 줄이도록 해야겠지만 이것으로도 목표를 채울 수 없어요. 그래서 청정 개발 기술로 감축분을 인정받거나 다른 나라에서 탄소 배출권을 구매하는 방법도 고려하고 있답니다. 교토 메커니즘을 이용하는 것이지요.

미국은 왜 기후 협약을 파기했나요?

미국 오바마 대통령은 기후 협약에 적극적이었지만, 2017년 1월 임기를 시작한 트럼프 대통령은 선거 운동 때부터 기후 변화와 지구 온난화를 '사기극'이라고 주장해 왔어요. 적극적으로 기업의 편을 든 것이지요. 트럼프 대통령은 취임 약 5개월 만에 파리 협약 탈퇴를 선언했어요. 미국 정부가 녹색기후기금으로 약속한 30억 달러의 예산도 10억 달러로 삭감했죠. 이런 이유로 기후 협약은 큰 위기를 맞이하고 있답니다. 자기 나라의 이익과 개인의 이익을 위해 기업의 손을 들어 줌으로써 전 지구적 행동 방향을 거스른 미국. 세계에서 온실가스 배출량이 가장 많은 미국의 이런 결정, 여러분은 어떻게 생각하나요?

기후 변화를 어떻게 줄여 갈까요?

 국제적으로 협약을 체결한다고 해도 막상 그것을 실천하기란 쉽지 않아요. 그래도 포기하지 말고 다 함께 노력해야 해요. 국제 사회가 힘을 쏟는 환경 정책에는 '기후 변화 완화 정책'과 '기후 변화 적응 정책'이 있어요. 이제 이 두 가지를 살펴보기로 해요.

 기후 변화를 완화한다는 말은 누그러뜨린다는 말로, 약화한다는 의미예요. 따라서 완화 정책은 기후 변화를 줄이는 데 도움이 되는 정책이라는 말이지요. 기후 변화 완화 정책에는 화석 연료를 줄여서 온실가스의 배출을 직접 줄이거나, 화석 연료를 재생 에너지로 전환하거나, 청정 개발 기술을 적용하거나, 나무를 많이 심는 녹화 사업으로 온실가스를 흡수하는 것 등이 모두 포함돼요. 선진국에서는 에너지 효율화와 재생 에너지 전환 기술을 개발해 기후 변화 완화에 이바지하고, 이 기술을 개발 도상국에 지원하고 투자하지요. 하지만 온실가스는 여전히 증가하고 있고, 그 영향은 늘어 가고 있어서 기후 변화 완화 정책만으로는 부족해요. 기후 변화에 대비하는 적응 정책도 아주 중요하답니다.

기후 변화에 적응해야 한다고요?

기후 변화에 적응한다는 말은 기후 변화를 파격적으로 줄일 수 없다면 그 피해라도 최소화한다는 정책이에요. 특히 유아나 아동, 노약자처럼 기후 변화에 취약한 사람들과 해안가에 사는 사람들, 자연재해에 많이 노출될 수 있는 사람들은 걱정이 이만저만이 아니에요. 기후 변화 때문에 해수면이 상승하거나 집중 호우가 내리면 저지대에 사는 사람들은 침수 피해를 겪게 되고, 해안가의 지하수는 바닷물이 스며들어서 염분으로 오염이 될 수 있어요. 그렇게 되면 물도 마실 수가 없고, 농사도 짓기가 어려워져요. 따라서 침수 피해를 예방하려면 저지대에 사는 사람들의 이주를 돕거나 이주가 어려운 때에는 생활 공간을 개선하고 물이 잘 빠져나갈 수 있도록 시설을 갖추어야 해요.

재해가 발생하면 신속하게 구조할 수 있는 재난 관리 시스템을 구축하

는 일도 필요하지요. 우리가 민방위 훈련과 같은 재난 훈련을 정기적으로 하는 이유도 바로 이런 재난 관리 시스템이 잘 작동하는지 확인하는 거예요. 무더위로 건강이 쉽게 나빠질 수 있는 사람들이 있다면 의료 지원 서비스도 해 줘야 하죠. 기온 상승으로 새롭게 발생할 수 있는 전염병 등도 미리 대비해야 해요. 특히 수온이 올라가면 콜레라와 같은 전염병이 발생하기 쉽고 하천에서는 마이크로시스틴 등 다양한 독성 물질이 발생하기 때문에 수돗물 공급에도 주의가 필요해요.

농촌에서는 변화된 기후에 적합한 새로운 품종을 개발해야 하고, 기후에 적합한 작물을 심어야 하는 등 새로운 기후에 적응하는 일이 필요해요. 그렇지 않으면 농사를 지어도 수확을 할 수 없는 낭패를 당할 수 있거

열섬 현상은 왜 생겨요?

열섬 현상은 도시의 외곽 기온보다 중심부 기온이 월등히 높은 현상을 말해요. 도심은 우선 인구가 많고 빌딩 숲이 크고 높지요. 그래서 바람이 막혀 공기가 쉽게 데워져요. 콘크리트와 아스팔트는 태양 에너지를 받으면 쉽게 뜨거워지고 좀처럼 식지 않는답니다. 여기에서 나오는 열기와 자동차가 내뿜은 열기, 조명의 열기, 게다가 매연이 대기를 가려서 온실 효과까지 발생하니 이중 삼중으로 기온이 올라가겠죠. 마치 지구 온난화의 축소판이라고 할 수 있어요.

든요. 도시에서는 녹지(공원이나 숲, 도시 텃밭)를 늘려 열섬 현상을 줄여 가야겠죠.

기후 변화 적응 프로그램은 우리나라뿐 아니라 섬나라나 개발 도상국에 절실하게 필요해요. 이런 국가들은 기상 이변을 겪기도 쉽고, 가뭄 등으로 사막화를 겪고 있기 때문이에요. 우리나라는 지난 수십 년간 산업화 과정에서 기후 변화를 일으킨 책임이 있기에 고통받는 다른 국가들의 기후 변화 적응 프로그램에 관심을 기울여야 한답니다.

녹색기후기금이 뭐예요?

녹색기후기금은 개발 도상국의 온실가스 감축과 기후 변화 적응을 지원하는 국제 금융 기구예요. 2010년 멕시코 칸쿤에서 기후 변화 당사국 회의가 개최되었을 때 이러한 기관이 필요하다고 결정했어요. 그런데 이 기구의 본부가 놀랍게도 우리나라에 있다는 사실, 알고 계셨나요?

바로 인천시 송도에 녹색기후기금 사무국이 있어요. 이미 세계은행(국제 부흥 개발은행)과 지역 은행별로 기후 변화와 관련한 사업 기금이 조성되어 있었지만 이런 금융 기구들은 다양한 환경 분야 사업을 지원하기 때문에 전적으로 기후 변화와 관련한 돈을 모으고 지원해 주지는 못해요. 녹색기후기금에 참여하는 회원국들은 기후 변화로 인한 피해가 점점 커지는 만큼 2020년부터는 매년 1,000억 달러 규모의 자금을 모아 개발 도상국에 지원하기로 했어요. 세계적으로 경제가 어려워서 기금을 마련하는 게 말처럼 쉬운 일은 아니지만, 회원국들의 노력으로 기후 변화를 완화하고, 피해를 최소화하는 협력 사업들이 진행될 거예요.

지속 가능한 발전이 기후 변화를 줄일 수 있나요?

유엔의 〈우리 공동의 미래〉라는 보고서는 지속 가능한 발전의 정의를 다음과 같이 내리고 있어요. "지속 가능한 발전은 미래 세대가 그들 스스로 필요를 충족시킬 수 있는 능력을 저해하지 않으면서 현재 세대의 필요를 충족시키는 발전이다." 말이 너무 어렵지요? 쉽게 설명하면 현재 세대가 꼭 필요한 생산이나 개발은 하되, 미래 세대가 필요한 자원까지 잘 보존해서 우리 다음 세대도 우리만큼 잘살 수 있어야 한다는 취지예요. 세대 간에 평등을 이루어야 한다는 의미이고요.

현재 세대는 풍족한 자원의 혜택을 누리면서 미래 세대는 일부 자원의 혜택만을 누리고 살아야 한다면 얼마나 불공평한 일이겠어요. 기후 변화를 일으켜서 식량도 부족하고, 육지에 있을 물이나 지하수도 턱없이 부족하고, 폐기물 매립장에는 더러운 쓰레기만 가득하다면 미래 세대가 필요로 하는 깨끗한 물과 공기, 토양 등 기본적인 환경권이 사라지게 돼요.

기후 변화와 생물 다양성 파괴는 우리의 후손에게 커다란 짐이 될 거예요. 지속 가능한 발전으로 기후 변화를 줄여야만 합니다. 우리가 후세에게 안전하고 건강한 땅을 물려주려면, 지금 당장 우리의 생활 방식을 바꿔야 해요.

기후 변화는 전 인류가 반드시 해결해야 할 도전이고, 이를 슬기롭게 극복해 가기 위해서는 경제, 사회(공동체), 생활 방식 모든 것에서 '전환'을 이루어야 한답니다. 나와 네가 별개라고 느껴지겠지만 우리는 결국 하나의 지구에서 살아가는 공동체라는 사실을 잊지 마세요!

4차 산업 사회

우리가 커서 직업을 갖게 될 때는 로봇이나 인공 지능, 사물 인터넷 기술 등으로 없어지는 직업이 많다고 해요.

20년 후엔 나도 직업을 갖게 될 텐데, 과연 어떤 직업이 남아 있을까요?

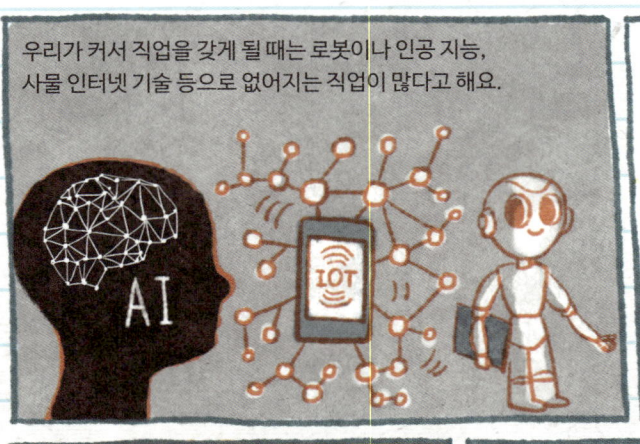

초등학교 1학년 때부터 커서 무엇을 하고 싶은지 써서 내곤 했지만, 아직도 내가 어떤 직업을 갖게 될지 잘 모르겠어요.

요즘은 기술 전문 고등학교나 대학의 재생 에너지 관련 학과로 진학해 태양광이나 제로 에너지 주택 같은 것을 공부하고 싶기도 해요.

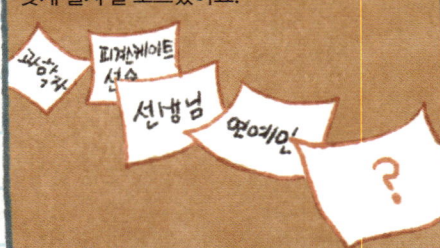

그런데 그런 직업들도 다 인공 지능과 로봇이 대신해서 사라지지는 않을까요?

세상의 모든 답을 알려줄게.

지금 여러분은 미래를 떠올리면서 하고 싶은 일을 고민하는 시기지요. 산업과 기술이 고도로 발달하면서 나빠진 환경에 힘들어하고, 없어질 직업을 걱정하는 아이들을 보면 이런 사회를 만들어 놓은 어른으로서 미안한 마음이 들어요. 그렇지만 인간의 창의력과 기술 발전은 새로운 직업을 만들기도 해요. 산업 혁명이 있을 때 인간은 새로운 기술과 새로운 영역에 도전하면서 적응해 왔어요. 우리가 앞으로 살아갈 미래에는 친환경적인 직업들이 많아질 거예요. 환경을 파괴하지 않고 후세에게 많은 자원을 남기기 위해 재생 에너지 기술과 친환경 주택, 유기농법과 같은 친환경 농업, 직거래를 비롯한 새로운 유통 구조, 누구나 쉽게 디지털 장치를 만들 수 있는 아두이노나 3D 프린터를 이용한 사용자 중심의 제품 등 많은 창의적 분야가 활발해질 전망이에요. 관심 있는 분야를 꾸준히 살펴보면서 필요한 지식을 쌓고 기술을 연마하다 보면 좋아하는 일을 꼭 만나게 될 거예요.

생활에 도움이 되는 이야기

똑똑하고 착한 소비자!
에너지 효율 등급

　가전제품이나 자동차에 붙어 있는 에너지 효율 스티커를 본 적이 있나요? '에너지 소비 효율 등급 표시 제도'는 우리가 사용하는 전자 제품이나 연료를 사용하는 제품에 에너지 사용량이나 효율에 따라 1등급부터 5등급까지 구분해 표시하는 제도예요. 소비자가 에너지 효율이 높은 제품을 선택할 수 있도록 해당 제조사에서는 반드시 표시해야 하는 의무 사항이지요. 게다가 5등급을 넘어가는 에너지 과소비형 제품을 생산하지 못하게 하는 효과도 있답니다.

　이제 스티커를 좀 살펴볼까요? 효율 등급과 그 아래에 월간 소비되는 전력량을 함께 생각해 보면 어떤 제품이 이산화탄소 배출량이 적은지 알 수 있겠지요? 용량이 크더라도 에너지 효율이 높다면 에너지 소비가 적을 수도 있어요. 그런데 전자 제품

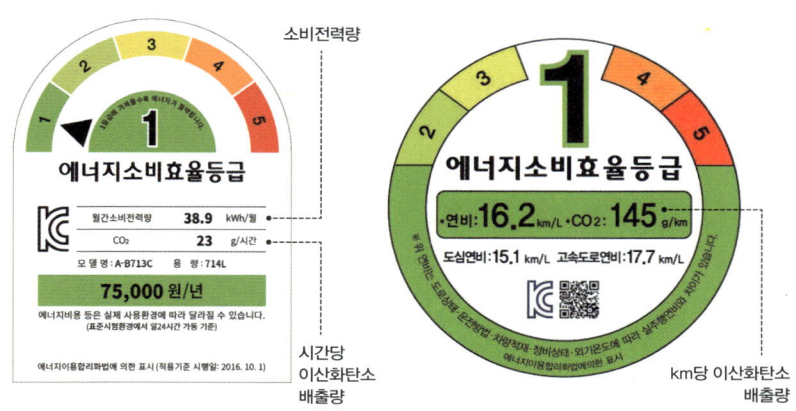

전기냉장고 1등급 표시의 예   승용차 1등급 표시의 예

자체에서는 이산화탄소가 발생하지 않는데 어떻게 이산화탄소 배출량이 표시되어 있을까요? 그 이유는 모든 전기 제품은 전기를 사용하고 있고, 그 전기는 대부분 화력 발전소에서 오기 때문에 제품을 사용할 때마다 소비되는 전력량을 발전소에서 배출하는 이산화탄소량으로 환산할 수 있기 때문이에요.

내 손으로 지구를 살려요!
에너지 절약의 꿀팁!

에너지 효율이 높은 제품을 사용하는 것도 중요하지만, 에너지를 절약하는 일은 더 손쉽게 할 수 있어요. 플러그를 뽑고, 스위치를 끄자는 말을 많이 듣고 있지만 실천하기는 쉽지 않다고요? 집 안에 사람이 없을 때를 대비해 나갈 때 플러그를 뽑거나, 멀티탭의 스위치를 꺼 둔다면 소리 없이 낭비되는 에너지를 아낄 수 있어요. 실제로 사용하지는 않지만, 신호를 대기하는 상태로 유지하느라 흐르는 전기를 대기 전력이라고 해요. 사용하지 않더라도 플러그가 꽂혀 있는 동안 텔레비전이나 라디오, 컴퓨터, 충전기 등 많은 전자 제품이 온실가스 약 1%에 해당하는 전기를 대기 전력으로 쓴다고 해요. 그러니 플러그를 뽑는 작은 노력으로 큰 효과를 볼 수 있는 습관이에요. 에너지 절약 습관, 몇 가지 더 알아볼까요?

빨랫감을 모아서 세탁하고, 30℃ 정도의 찬물로 빨아요

세탁기를 한 번 돌릴 때 0.5kg의 이산화탄소를 배출하게 되는데, 40℃의 따뜻한 물로 빨면 15% 정도 더 많은 이산화탄소를 배출한답니다. 그러니 되도록 빨랫감을 모아서 세탁기 돌리는 횟수를 줄이고, 부득이한 경우가 아니라면 너무 뜨거운 물로 세탁기를 돌리는 것은 피하는 게 좋겠지요.

건조기보다는 건조대를 이용해요

우리나라에서는 대부분 빨래를 건조대에 널어 햇볕에 말리지만 미국이나 유럽 등에서는 건조기를 많이 사용해요. 그러나 요즘은 우리도 빨래 건조기의 보급률이 매우 높아요. 건조기는 한 번 돌리는 데 대략 2kg의 이산화탄소를 배출해요. 건조기가 에너지를 많이 사용하는 전열 기기이기 때문이랍니다. 헤어드라이어와 다리미, 전기 주전자 같은 전열 기기는 전기 에너지를 열에너지로 바꾸는 과정에서 잃어버리는 열이 크기 때문에 전력이 많이 낭비되거든요.

전기 주전자를 사용할 땐 꼭 필요한 만큼 물을 넣어요

전기 주전자의 소비 전력은 2,200W나 돼요. 노트북 컴퓨터(65W) 33대를 동시에 돌리는 셈이에요. 가스 불에 물을 끓이면 더 많은 전기를 아낄 수 있어요. 하지만 어쩔 수 없이 사무실이나 가정에서 전기 주전자를 사용해야 한다면 꼭 필요한 물의 양을 넣고 사용하세요. 그래야 에너지를 낭비하지 않는답니다.

전기밥솥의 보온, 한두 시간이면 충분해요

압력 전기밥솥을 사용하면 밥맛도 좋고 아주 편리하지요. 하지만 전기밥솥은 보온 때에도 95W의 전력이 소모된답니다. 보온 상태를 오랜 시간 유지하면 전기를 많이 사용하게 되는 거죠.

그럼 밥이 남았을 때는 어떻게 하면 좋을까요? 아침에 지은 밥이 남아서 저녁에 먹으려고 한다면 밥솥의 전원을 껐다가 저녁 먹기 한두 시간 전에 전원을 켜서 보온으로 맞춰 두면 다시 따뜻하고 맛있는 밥을 먹을 수 있어요. 대신 한나절의 전력을 아낄 수 있지요.

전자레인지에 데울 때는 필요한 세기를 골라서 사용해요

전자레인지는 해동, 약, 중, 강별로 소비 전력에 차이가 있어요. 냉동식품을 바로 조리해서 먹게 되면 전력 소모가 크답니다. 냉동식품은 미리 냉장실에 옮겨서 어느 정도 녹이면 조리 시간을 단축할 수 있어요. 조리 시간 전에 미리 실온에 꺼내 두는 습관을 기른다면 내 건강도 챙기고 지구의 건강도 지킬 수 있겠지요.

단, 냉동식품은 식품의 종류에 따라 해동하는 방법이 다르니 꼭 주의 사항이나 해동법을 확인해야 해요. 무조건 전기를 아낀다고 실온에 너무 오래 두거나 하면 나쁜 세균이 번식해 식중독에 걸릴 수 있으니까요.